걱정쟁이 십대를 위한 자신감 찾기 프로젝트

# 걱정을 조절하는 7가지 방법

걱정쟁이 십대를 위한 자신감 찾기 프로젝트

# 걱정을 조절하는 7가지 방법

**1판 1쇄 발행일** 2017년 6월 29일 **1판 8쇄 발행일** 2023년 4월 18일

**글쓴이** 리드 윌슨·린 라이언스 **옮긴이** 한재호 **그린이** 심차섭

**펴낸곳** (주)도서출판 북멘토 **펴낸이** 김태완

**편집주간** 이은아 **책임편집** 김란영 **편집** 김경란, 조정우 **디자인** 안상준 **마케팅** 이상현, 민지원, 염승연

**출판등록** 제6-800호(2006. 6. 13.)

**주소** 03990 서울시 마포구 월드컵북로 6길 69(연남동 567-11) IK빌딩 3층

**전화** 02-332-4885 **팩스** 02-6021-4885

🔼 bookmentorbooks.co.kr ✉ bookmentorbooks@hanmail.net

📷 bookmentorbooks__ 👍 bookmentorbooks

ISBN 978-89-6319-236-9 43100

걱정쟁이 십대를 위한 자신감 찾기 프로젝트

# 걱정을 조절하는 7가지 방법

리드 윌슨·린 라이언스 글

한재호 옮김, 심차섭 그림

북멘토

# 걱정쟁이를 모험가로 이끄는 마법의 처방전

박미자[*]

이 책이 반갑습니다. 청소년들에게 자신의 감정을 들여다보고 대화를 나누면서 현실과 정면으로 마주할 기회를 주기 때문입니다.

청소년들은 감정이 풍부합니다. 그래서 자기 안에서 수많은 감정이 피어나고 출렁이는 것을 느낄 수 있습니다. 그러나 그 실체를 들여다볼 기회는 많지 않습니다. 감정들을 토닥거리며 함께 살아가는 방법을 구체적으로 배우지 않았기 때문입니다. 마음속에서 일어나는 감정들을 이해하고 조절하는 방법을 익힌다면 좀 더 즐거운 마음으로 다음 과정의 성장을 준비할 수 있을 것입니다.

"두려워하는 건 정상이야. 그리고 걱정하는 것도 정상이지."

저자는 청소년들의 걱정을 다독이면서 용기를 북돋아 줍니다. 한 걸음 더 나아가서 '걱정과 이야기하라.'고 권합니다. 저자가 이끄

---

[*] 진(前)청천중학교 교사. 전교조 참교육연구소 연구위원, (사)징검다리 교육공동체 상임이사, 배움의 공동체 연구회 전국운영위원. 『중학생, 기적을 부르는 나이』 저자.

는 대로 따라가다 보면, 걱정은 우리 삶의 한 부분임을 이해할 수 있습니다. 그리고 걱정과 불안을 자연스럽게 친구로 받아들이게 됩니다.

걱정, 긴장, 불안은 현재 상황이 아니라 앞으로 일어날 일을 미리 예상하고 앞당겨서 느끼는 감정입니다. 즉, 현재와 미래 사이에 존재하는 감정입니다.

그렇다면 이러한 감정을 현재에서 미래로 넘어가는 징검다리라고 할 수도 있지 않을까요? 걱정이 많이 된다고 지나치게 머뭇거리면 현재에만 머무를 위험이 있습니다. 그래서 저자는 '걱정과 도전이 한 몸'이라고 표현합니다. 걱정을 기꺼이 받아들이고 넘어야만 미래로 건너갈 수 있다는 것입니다.

'모험은 계속되어야 한다.'는 저자의 마지막 말은 어른인 저에게도 울림이 컸습니다. 한마디로 걱정을 극복하고 미지의 세계로의 도전과 모험을 계속할 수 있는 용기를 주는 책입니다.

무거운 기대와 과제를 짊어지고 사는 요즘의 청소년들은 걱정이 많습니다. 사랑스러운 청소년들이 세상의 주인으로 바로 설 자신감을 가질 수 있도록 이 책을 꼭 읽어 보면 좋겠습니다. 그리고 부모와 교사도 이 책을 읽길 바랍니다. 걱정을 조절하면서 스스로를 격려하고 응원하도록 어른들이 이끌어 줄 때, 아이들은 더욱 다양한 경험을 하며 성장할 수 있을 것입니다.

# 차례

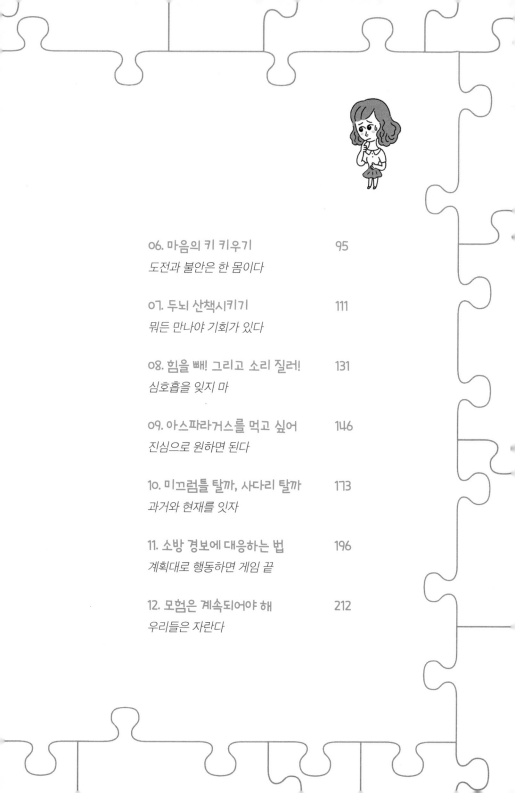

## 안녕, 난 케이시야

우리, 공통점이 있는지 알아볼까?

내 이름은 케이시야. 나이는 열다섯 살이고, 걱정이 좀 많아. 하지만 걱정에 대해 잘 알고, 두려움에 대해서도 잘 알아. 게다가 걱정과 두려움에서 벗어날 수 있는 엄청난 재주가 있지. 그리고 별건 아니지만 다른 재주도 있어. 그거 알아? 온도계 아래에 성냥불을 가져다 대면, 온도계 눈금이 40도까지 올라가. 그리고 끝이 검게 변하면서 살짝 녹아. 아무도 궁금해하지 않는 이런 걸 흥미로워하는 재주….

넌 어떤 아이니? 너도 나처럼 걱정이 많니?

난 이제 많이 좋아졌어. 걱정을 조절하고 불안도 꽤 잘 조절하게 됐지. 마법 약을 먹진 않았어. 그러니까 혹시 약을 찾고 있는 거라면, 여기서 책을 덮어도 돼. 대신 내가 실수를 해 가면서 배운 게 있어. 아주 많이! 실수해도 괜찮아. 걱정하면 실수하게 마련이거든.

걱정이 우릴 정신 못 차리게 만드는 거야.

엄청난 노력 끝에 난 마음을 다스리는 방법을 알아냈어. 넌 나처럼 힘들이지 않아도 돼. 내가 그 방법을 알려 줄 테니까. 네 몸에서 어떤 일이 일어나는지 이해할 수 있게 도와주고, 끝내주는 비법과 요령을 전해 줄게. 내가 어떻게 좋아졌는지, 친구 섀넌과 동생 엘리엇을 데리고 어떤 실험을 했는지도 이야기해 줄게. 섀넌과 엘리엇도 엄청난 두려움을 극복했거든. 엘리엇은 내 도움이 별거 아니었고 거의 다 자기 힘으로 해낸 거라고 말하지만.

나는 엄마와 함께 연구한 끝에 걱정 조절 방법을 알아냈어. 그런데 그 과정에서 실수를 나만 한 게 아니라, 엄마도 많이 했어. 그러니까 이 책은 새롭고 겁나는 일을 피하려고만 하는 아이를 둔 부모를 위한 것이기도 해. 하지만 내가 이 책을 쓰는 건 무엇보다 우리 같은 아이들을 돕기 위해서야. 자, 준비됐지?

# 걱정 퍼즐

*주의: 걱정 퍼즐을 맞출 수 있을지 걱정하지 말 것!

걱정을 **예상해라**

**심호흡해라**

계획에 따라
**행동해라**

과거의 성공과
현재를 **연결해라**

# 아마존 애벌레의 걱정

## 걱정은 본능이다

나는 컴퓨터를 자유자재로 다룰 수 있어. 이를테면, 인터넷에서 정보를 검색하거나 수업에 필요한 자료를 찾을 줄 알아. 또 음악이나 영화를 내려받고 SNS를 하기도 해. 물론 게임도 하고 동영상도 많이 보지. 그런데 내가 컴퓨터가 어떻게 작동하는지도 알까? 아니. 컴퓨터가 고장 났을 때 고칠 수 있을까? 절대 아니지! 내 사촌 오빠는 컴퓨터 기술자야. 대기업에서 컴퓨터를 설치하고 수리해. 한번은 사촌 오빠가 자기가 하는 일을 나한테 설명했는데, 난 2분 만에 정신을 놔 버렸어. 그렇지만 내가 계속 고개를 끄덕이며 "정말?"이라고 되물어서 내가 그랬는 줄 눈치채지 못했을 거야.

우리 엄마 말로는 자동차도 컴퓨터와 마찬가지래. 엄마는 자동차의 기본적인 구조에 익숙해서 가속 페달과 브레이크 페달의 차이

점을 알아. 자동차 오일을 점검하는 방법도 알지. 하지만 자동차 엔진이 어떻게 작동하는지를 엄마가 나한테 설명할 수 있을까? 자동차 내부에서 어떤 일이 일어나는지 알까? 아마도 엄마는 이렇게 말할걸. "케이시, 그건 엄마한테도 수수께끼란다."


## 뒷브레이크를 먼저 당겨!

너도 브레이크 달린 자전거가 있니? 자전거 타다가 앞브레이크를 힘껏 당겨 본 적 있어? 절대 그러면 안 돼! 네 몸이 손잡이 앞으로 튕겨 나갈 거라고! 그래, 이건 내 경험담이야. 아스팔트에 부딪혀서 헬멧이 박살 난 적이 있거든. 그러고 나서야 브레이크 사용법을 이해하게 됐어. 지금은 잘 알지. 빨리 달리다가 앞브레이크를 당기면 앞바퀴가 멈춰. 하지만 자전거의 나머지 부분과 내 몸은 정지한 앞바퀴를 지나서 앞으로 계속 움직이려고 해. 관성의 법칙 때문이지.

헬멧이 박살 난 사고 이후에, 나는 손잡이에서 앞바퀴 브레이크 패드로 이어진 브레이크 케이블을 손가락과 눈으로 죽 따라가 봤어. 앞바퀴 브레이크 손잡이를 꽉 쥐었을 때 브레이크 패드가 바퀴 테를 압박하는 것도 관찰했지. 친구 실비아에게 자전거 앞부분을 들고 있게 한 채 내가 바퀴를 돌리다가 앞브레이크를 꽉 쥐었어. 그다음엔 자전거를 천천히 몰다가 앞브레이크를 당겨 봤어. 자전거

뒷부분이 바닥에서 튀어 오르는 것을 느껴 보려고 말이야. 이 정도는 해 봐도 괜찮아.

이것들을 전부 확인한 다음에야, 난 자전거의 브레이크가 어떻게 작동하는지 이해하게 됐어. 사고를 내고 나서 작동 원리를 알게 된 건 안타까운 일이지만, 가치 있는 교훈을 얻은 것만은 분명해.

지금 이렇게 묻고 싶지? 그게 걱정하고 겁먹는 것과 무슨 상관이냐고. 내 답은, 익숙하다는 것과 이해한다는 것은 다르다는 거야. 어쩌면 넌 이미 겁먹는다는 느낌을 알고 있을 거야. 겁먹었을 때 몸이 어떻게 느끼는지 말이야. 걱정에 대해서도 잘 알 거야. 아마도 걱정에 대해 자꾸만 생각하겠지.

난 걱정 때문에 시간과 에너지를 너무 많이 낭비했어. 걱정이 내 단짝처럼 느껴지기도 했지. 내가 녀석을 좋아하든 싫어하든 말이야. 난 걱정에 완전히 익숙해졌었어. 우리는 늘 붙어 다녔지. 하지만 오랜 시간을 함께하고 나서 이런 생각이 들었어.

내가 걱정을 정말로 이해하고 있는 걸까?

걱정이 어떻게 작동하는지 알고 있는 걸까? 걱정은 왜 생기지? 난 어떻게 해야 하지?

내 몸과 마음에 어떤 일이 일어나는지 내가 조금이라도 알고 있는 걸까?

걱정이 점점 커지는 거나 걱정이 내 삶을 조종하는 걸 막을 수 있을까?

걱정하고 겁먹는 느낌이 엄청나게 강하고, 그 느낌에 익숙하긴 한데, 내가 정말로 그걸 알고 있는 걸까? 아니. 절대, 절대 아니었어. 걱정할 때의 느낌은 알고 있었지. 하지만 걱정의 대부분은 내게 수수께끼였어. 혼란과 좌절감을 안기는 수수께끼 말이야.

이제 난 걱정이 어떻게 작동하는지 알아. 더 이상 수수께끼도 아니고 얼마든지 이해 가능한 것이야. 내 소개를 할 때 내가 널 위해 많은 일을 해 놨다고 말했는데, 기억나? 엄마와 함께 연구해서 많은 것을 알아냈다고. 그러니 넌 답을 알아내기 위해 우리처럼 애쓸 필요가 없다고. 네가 수수께끼를 풀 수 있도록 내가 처음부터 도움을 줄게.

자, 넌 걱정에 익숙해. 하지만 걱정을 이해하지는 못하지. 넌 지금 이렇게 묻고 싶을 거야. "그러니까, 익숙함과 이해는 다르다는 거지?" 맞아, 달라. 내가 더 설명해 줄게. 이 얘기를 하려고 우리가 여기 있는 거니까.

좀 전에 예로 든 컴퓨터나 자동차와 비슷해. 넌 걱정할 때의 느낌이 어떤지 확실히 알지만 걱정이 어떻게 작동하는지는 설명할 수 없어, 맞지? 익숙하지만 설명할 수는 없단 말이야. 이 책에서 우리가 목표로 하는 건 이해야.

난 자전거를 타다가 다쳤고, 그걸 계기로 자전거가 어떻게 작동하는지 알아보게 됐어. 그냥 자전거 타기를 그만둘 수도 있었겠지. 그러면 다시는 자전거를 타다가 다치는 일은 없을 테니까. 하지만 난 자전거 탈 때의 짜릿함을 계속 즐기고 싶었기 때문에 브레이크 다루는 법을 익혔어. 걱정도 자전거와 마찬가지야. 걱정이 괴롭힌 다면 그것이 어떻게 작동하는지 알면 돼. 그동안 난 걱정되는 일은 하지 않았어. 그럼 걱정하지 않아도 되었거든. 하지만 새로운 모험 을 하고 싶다면 걱정은 피할 수 없어. 그래서 걱정 조절 방법을 배 운 거야. 나에게 배우고 이해하는 일은 편안하게 심호흡하는 것과 도 같았어. 좋은 소식이 있는데, 컴퓨터 작동법 배우기보다 걱정 이 해하기가 훨씬 쉬워!

하지만 좀 앞서 나가는 것 같으니까, 우리 엄마와 내가 해법을 알아낸 이야기로 돌아가자. 걱정은 우리가 모르는 사이에 살금살 금 다가왔어. 돌이켜 보면, 난 유치원에 가기 전에도 불안을 좀 느꼈 어. 하지만 대여섯 살 무렵이라 '걱정'이나 '문제' 같은 말을 입에 올 리지는 않았지. 난 생일 파티를 무서워했는데 엄마는 그때 늘 내 옆 에 붙어 있었어. 우리는 해마다 열리는 독립기념일 불꽃놀이에도 참석하지 못했고, 영화관에서는 내가 갑자기 나가자고 할 때를 대 비해 통로 쪽 좌석에 앉았어. 그러고는 우리가 조심성이 많아서 이 렇게 행동하는 거라고, 심지어 우리가 똑똑하다고까지 생각했다니 까. 그렇게 대비를 하면 내가 울지도, 몸을 떨지도, 소리를 지르지도 않았거든. 임무 완료, 문제없음, 이라고 생각했던 거야.

그러다가 내가 초등학교 2학년이 되었어. 엄마는 아침마다 날 침대에서 나오게 하느라 진땀을 뺐고, 난 버스 탈 시간이 되면 울음을 터뜨렸어. 그래서 엄마는 직접 차를 몰아서 날 학교에 데려다줬지. 하지만 학교 정문 앞에 도착하면 난 차에서 내리지 않겠다고 버텼어. 그리고 선생님이 데리러 오면 울며불며 애원했어. 그뿐이 아냐. 난 매번 양호 선생님께 배가 아프다고 했고, 선생님은 그때마다 엄마한테 전화해서 날 데려가라고 했어. 내가 토할 것 같다고 하니 양호 선생님도 어쩔 수 없었겠지.

엄마는 계속 조심조심 신경을 쓰면서 날 안심시키려고 했어. 버스에 태우지 않고 날 학교에 데려다줬고, 양호 선생님께는 내가 아프다고 하면 바로 와서 데려가겠다고 말했지. 난 어른들이 배 아플 때 먹는 알약을 먹었고, 몇 차례 소아청소년과에 가서 위에 문제가 없는지 검사도 했어. 하지만 도움이 되지 않았어. 난 학교를 점점 더 자주 빠지게 됐고, 다른 아이들보다 수학이나 철자 실력이 뒤처질 수밖에 없었어. 당연히 내 상태는 더 나빠졌지. 솔직히 말하면, 우리가 했던 거의 모든 행동이 내 상태를 악화시켰어. 하지만 그때는 그걸 몰랐지. 기름에 불이 붙었을 때 물을 뿌리면 불이 더 활활 타오른다는 걸 아니? 예를 들어, 주방에서 베이컨을 굽다가 불이 났을 경우 거기에 물을 뿌리면 불이 더 커져! 엄마는 날 돕는다고 생각했고, 나도 나아지길 원했어. 그런데 사실 우리는 걱정을 더 크게 만들고 있었던 거야. 기름에 붙은 불에 물을 뿌리는 것처럼, 잘해 본다고 했는데 사실은 그렇지 않았던 거지.

우리는 걱정에 익숙했지만, 걱정을 이해하지는 못했어. 노력은 했지만 아무것도 나아지지 않았거든. 난 대부분의 활동을 하지 않고 지냈어. 뭔가를 하지 않으면 어느 정도 마음이 편해졌기 때문에 우리는 그게 좋은 거라고 여겼던 거야. 한동안은 그랬어. 4학년 방학 중에 열린 학교 연주회 때까지는 말이야.

그날 엄마와 나는 학교에 갈 채비를 하고 있었어. 내가 합창단과 함께 노래 세 곡을 부를 예정이었거든. 반 친구들이 색종이로 강당을 얼마나 예쁘게 장식해 놓았는지 몰라. 난 새로 산 녹색 드레스를 입고 침대에 앉아 있었고, 엄마는 내 머리를 예쁘게 땋아 주고 있었지. 내심 긴장하긴 했지만, 나는 진심으로 연주회에 가고 싶었어. 게다가 연주회가 끝나면 친구들과 우리 가족이 다 같이 아이스크림을 먹으러 가기로 했거든. 누가 이런 기회를 마다하겠어!

그런데 엄마가 내 머리를 땋아 주고 있을 때 내가 갑자기 토했어. 입고 있던 드레스 위에 말이야. 전에는 한 번도 그런 적이 없었어. 가끔 토할 것 같은 느낌이 들어서 학교 가기 전에 아침을 거르는 일은 있었지만, 진짜로 토한 적은 결코 없었어. 토사물로 범벅이 된 채로 난 울음을 터뜨렸어. 엄마도 눈물을 흘렸지. 동생 엘리엇이 달려와 그 광경을 보고는 아무 말도 못 하더라고. 결국 우리는 연주회에 가지 않았어. 엄마는 검은 단추 달린 파란 드레스를 입으면 된다고 했지만, 이미 난 너무 속이 상해 버렸어. 연주회가 끝나면 친구들과 아이스크림을 먹자고 엄마가 달랬지만, 난 그럴 수 없었어. 엄마는 날 씻기고 토한 것도 치웠어. 그날 밤 난 울다 지쳐서 잠이 들었어.

그래, 슬픈 이야기지. 하지만 그날 밤 이후로 모든 것이 달라졌어. 다음 날 아침, 우리는 연주회에 못 간 일에 관해 이야기했어. 엄마와 나는 다시 눈물을 흘렸지. 걱정이 내 삶을 지배하고 있었으니까. 걱정이 처음 시작됐을 때는 뭔가를 하지 않는 것만으로도 기분이 나아졌었어. 하지만 이제는 걱정 때문에 뭔가를 하지 않으면, 연주회나 아이스크림처럼 즐거움을 주는 것까지 놓치게 된다는 걸 깨달은 거지.

그런 이야기를 나누면서 엄마와 나는 울음을 그치고 힘을 내 보기로 했어. 걱정을 퍼즐처럼 다뤄 보기로 결심한 거야. 그리고 퍼즐을 풀어 보기로 약속했어! 퍼즐 조각이 어떤 것일지, 그걸 어떻게 맞출지는 전혀 모르는 상태였지만, 그 순간 우리는 새끼손가락을 걸고 무슨 일이 있어도 약속을 지키기로 맹세했지. 내 걱정 문제를 해결하기 전까지는 절대로 멈추지 않겠다고 말이야. 그리고 같이 나가서 팬케이크를 먹었지. 아이스크림을 먹기에는 좀 이른 시간이었거든.

우리가 했던 일을 전부 다 말하진 않을 거야. 왜냐면 생각하고 이야기하고 읽고 쓰고 상담하기를 우리는 꽤 오랫동안 반복했거든. 그걸 전부 이야기하면, 넌 금세 지루해져서 책을 덮어 버리고 말걸. 그럼 우리가 힘들게 얻어 낸 결과가 쓸모없게 되잖아. 날 믿어 줘. 난 널 위해서 엄청나게 많은 일을 했고, 넌 그중에서 핵심만 알면 돼.


## 고양이 부, 겁먹고 도망치다

내가 키우는 고양이가 있어. 이름은 부야. 검은 털과 하얀 털이 섞여 있는 평범한 고양이인데 빈둥거리며 하루를 보내. 그런데 지난 여름에 개 한 마리가 우리 집 마당에 들어왔어. 녀석은 뭔가를 노리고 있는 듯 보였어. 덩치 큰 갈색 블러드하운드였는데 귀가 축 늘어져 있고 얼굴에는 주름이 있었지. 녀석이 대문에서 현관 앞까지 코를 킁킁거리며 들어오는 동안, 부는 현관 앞에서 햇볕을 쬐며 낮잠을 자고 있었어. 그런데 자면서도 개가 다가오는 소리를 듣고 있었나 봐. 개의 코가 현관의 첫 계단에 닿자마자 눈을 뜬 걸 보면 말이야.

부는 벌떡 일어나더니 등을 동그랗게 구부리고 발끝으로 섰어. 꼬리를 먼지떨이처럼 부풀리고 귀를 바짝 세운 다음, 목구멍 깊은 곳에서 희한한 가르릉 소리를 내더라고. 부는 분명히 심장이 쿵쾅 거렸을 거야. 눈동자가 어찌나 커졌는지 눈 전체가 검게 보일 정도 였어.

그때 내가 문을 열자 부는 냉큼 집 안으로 들어왔어. 개가 순해 보였는데도 말이야. 난 손을 내저어서 개를 쫓아냈지. 부는 집 안으 로 들어오자마자 안도감을 느끼고 진정했어. 털과 눈, 귀가 평소대 로 돌아왔지. 불쌍한 부는 밖에서 무서운 포식자로 보이는 개를 맞

닥뜨리고 겁에 질렸었지만, 집 안
으로 들어온 지 몇 분도 안 돼
소파 밑에서 다시 잠들었어.

난 바닥에 앉아 고개를 기
울여, 잠자는 고양이를 관찰
했어. 그때 내 머릿속에서 자그
마한 톱니바퀴들이 돌아가기 시
작했지. '흠, 부는 겁을 먹었어. 그리고
그 공포 덕에 개한테서 도망칠 수 있었지. 그리고 지금은 모든 걸
해결하고 소파 밑에 편안히 누워 있어.'

그때 갑자기 내 심장이 쿵쾅거리고 손이 축축해졌어. 일어나서
도망치고 싶은 충동을 느꼈는데 이유를 알 수 없었어. 내 마음속에
무엇이 떠올랐는지 생각해 보고 나서야 그걸 알 수 있었지. 부의 사
건을 보고 내가 개와 마주쳤던 일이 생각났던 거야. 이 사실을 깨
달자마자 진정이 되었어. 이게 무슨 말인지 알려 줄게. (내가 영화감
독이었다면, 여기서 이렇게 외칠 텐데. "회상 장면 음악, 큐.")

난 원래 개를 무서워하지 않아. 좋아하지. 가족 중에도 개를 기
르는 사람이 많아서 친한 개가 많아. 그런데 어느 날 학교 버스 정
류장으로 가는데, 어떤 개가 사납게 짖어 댔어. 소리 나는 쪽을 보
니까 덩치가 나만 한 개가 달려드는 거 아니겠어. 입술을 씰룩거리

며 길고 날카로운 송곳니를 드러낸 채로 입을 계속해서 벌렸다 닫았다 하는 거야. 난 소리를 지르며 걸음아 날 살려라 뛰었어. 개는 큰 나무에 굵은 사슬로 묶여 있었기 때문에 철조망 너머에 있는 나를 잡을 수는 없었어. 하지만 그때는 그걸 몰랐던 터라 난 말 그대로 죽기 살기로 도망쳤지.

그 집 마당을 지나서 개가 조용해지자마자 난 안도했어. 하지만 내 심장은 계속 터질 듯이 뛰었고 한 시간 동안이나 진정되지 않았어(그러니까 그날 사회 시간에 무엇을 배웠는지는 묻지 마. 전혀 집중할 수 없었다고). 그날 난 교훈을 얻었지. 뭐냐고? 그 개는 위험하지 않아. 철조망 뒤에서 사슬에 매여 있잖아. 교훈은 이거야. 그 개가 달려들거나 짖는 게 싫으면, 건너편 길로 가면 돼. 어때? 똑똑하지? 지금은 그 주변에 갈 때면 건너편 길을 이용해.

우와, 난 지금 흥미로운 경험을 하고 있어. 너에게 이 글을 쓰고 있는 지금은 그 무서운 사건이 일어난 지 일 년이나 지난 후야. 그런데도 난 여전히 그 개가 나한테 빛의 속도로 달려드는 모습을 상상할 수 있고, 녀석이 사납게 짖어 대는 소리를 들을 수 있어. 심장 박동이 다시 빨라지고 있어. 소파 밑의 부를 바라봤을 때처럼 말이야. 하지만 그래도 난 괜찮아. 무서운 사건을 생각하는 것만으로도 겁을 먹는 일이 정상이라는 걸 이젠 알거든.

다들 그렇잖아. 그런 일은 또 일어나겠지. 마음이 불안할 때가

있지만, 그게 내 몸과 마음이 날 지켜 주는 방식이라는 걸 알아. 너도 곧 알게 될 거야.

## 겁먹어도 괜찮아

고개를 기울여 부를 바라보다가, 사나운 개가 내게 달려들었던 기억이 떠올랐다고 했잖아? 금세 심장이 출발선에 선 경주용 자동차 엔진처럼 빨리 돌아가는 걸 느끼면서 난 이렇게 생각했어. '부와 나는 공통점이 있구나. 같은 것이 우리 둘 다를 돕는 것 같네. 설마? 고양이와 나는 겁먹었을 때 같은 행동을 하는 건가? 우리는 원래 걱정하게 되어 있는 건가?'

이 생각이 맞는지 확인하려고 엄마와 나는 연구를 엄청나게 많이 했어. 우리가 뭘 알아냈게? 걱정하는 건 정상이야. 때로는 도움이 되기도 하지. 나와 너 그리고 모두에게 걱정이 필요하고, 부를 포함한 이 지구상의 모든 포유류에게도 걱정이 필요해. 모두가 걱정을 한다고! 모두가 걱정해야만 해! 걱정을 완전히 없애는 일은 절대 없을 거야. 걱정이 도움이 되니까.

넌 내가 이상한 소리를 한다고 생각하지? '걱정이 도움이 된다고? 그런데 어른들은 왜 나한테 걱정하지 말라고, 걱정할 거 없다고 말하는 거야?' 내 말은 걱정하는 게 정상이고 때로는 도움이 된다는 거야. 걱정은 널 도울 수도 있고, 널 해칠 수도 있어. 이 책을 계속 읽다 보면 그 차이점을 배우게 될 거야.

겁먹는다는 느낌을 완전히 없앨 수는 없어. 실망시켜서 미안. 하지만 사실 이건 좋은 소식이야. 왜냐하면 겁을 먹으면 우리는….

• 곧 하려는 일에 대해 먼저 생각해 봐야 할 때 신중해지고,

• 피해야 하는 일이 있을 때 한 발 물러나며,

• 진짜 위험한 일이 생겼을 때 도망치거나 싸워.

겁을 먹었을 때 생기는 이 세 가지 장점에 관해 더 자세히 얘기할게. 도로에서 자전거 타기나 수심 깊은 수영장에서 튜브 없이 수영하기처럼 새로운 것을 배울 때, 마음속에서 작은 목소리가 "얘, 잠깐만. 넌 아직 배우는 중이잖아. 천천히 하나씩 익혀야지."라고 속삭여 주는 건 우리에게 도움이 돼. 5학년 담임 선생님은 이걸 '현명한 판단 주스'라고 하면서 우리는 이 주스를 종종 마셔야 한다고 말했어.

출연자들이 엉뚱하고 위험한 도전을 하는 예능 프로그램이 있어. 때로 출연자들이 다치기도 해. 엄마가 못 보게 했지만 친구네 집에서 봤지. 그걸 보고 나니까 내가 겁쟁이 같고, 그 사람들처럼 나도 겁이나 걱정이 없는 사람이 되고 싶다는 생각이 들었어. 하지만 지금은 겁을 먹으면 신중해지는 게 당연하다는 사실을 이해하게 됐어. 난 어리석거나 위험한 짓을 하지 않아. 겁쟁이가 아니라 똑똑한 거지!

어른들은 이렇게 말해. "걱정할 거 없단다." 우리의 기분이 나아지게 하려는 거지. 하지만 그 말이 틀릴 때가 있어. 우리가 똑똑해서 두려움을 느낄 때도 있는 거라고. 두려움은 우리 모두가 갖고 있는 자연스러운 반응이야. 마음이 "멈춰!"라고 말한다면, 때로 우리는 그 목소리에 귀를 기울여야 해. 너무 심하게 걱정될 때는 어떻게 해야 하느냐고? 그럴 때 어떻게 해야 하는지는 나중에 이야기해 줄게. 계속 들어 봐!

우리는 겁을 먹으면 신중해질 뿐 아니라, 피해야 하는 것을 만났을 때 물러나게 돼. 영화관에 가면 예고편을 보여 주잖아? 때로는 예고편이 아주 멋질 때가 있어. 그럴 때 난 이렇게 혼잣말을 해. "저 영화 봐야겠다." 그런데 무섭거나 너무 폭력적인 예고편이 나올 때도 있어. 그러면 난 눈을 감고 귀를 막아. 심장은 두근거리기 시작하고, 자리에서 안절부절못하지. 그저 예고편을 보았을 뿐인데 말이야! 난 그런 영화는 보러 가지 않아. 똑똑하지?

겁을 먹으면 좋은 세 번째 이유는 바로 진짜 위험이 닥쳤을 때 도망치게 해 준다는 거야. 지난여름에 있었던 부 이야기를 다시 해 볼까. 그 개는 부에게 진짜 위험한 동물이었어. 부가 모르는 개였고, 몸집도 부보다 컸어. 그리고 개와 고양이는 원래 사이가 좋지 않잖아. 부는 겁을 먹음으로써 순식간에 자신을 보호할 준비를 하게 된 거야.

나는 그해 봄에 개를 보고 겁먹었던 적이 있었기 때문에, 부한테 어떤 일이 일어나고 있는지 정확히 알 수 있었어. 그리고 그게 상황에 딱 맞춰서 생긴 공포라는 것을 곧바로 이해했지. 위협이나 위험을 느꼈을 때, 인간을 비롯한 모든 동물은 그런 공포를 느껴. 이걸 투쟁 도피 반응, 다른 말로 '싸울 것인가 도망갈 것인가 반응'이라고 하는데, 정말 놀라운 현상이지 않니? 크고 낯선 개를 보자, 부의 몸이 갑자기 움직였어. 그러면서 개가 다가오면 싸울 준비를 했고, 기회가 있으면 도망칠 준비를 한 거야. 그런 상황에서 내가 문을 열자 똑똑한 부는 안전한 집 안으로 도망친 거지.

나 역시 덩치가 나만큼 큰 개가 왈왈 짖으며 달려드는 모습을 보자 다리가 제멋대로 움직이기 시작했어. 걷기 모드에서 순식간에 바람처럼 달리기 모드로 바뀌었다고 할까. 발이 알아서 잽싸게 움직여 주니까 그렇게 고마울 수가 없었어. 순간 '아, 큰일 났다! 무시무시한 녀석이 다가오네!'라고 생각은 하면서도, 나를 어떻게 보호할지에 대해선 속수무책이었거든.

그게 나의 싸울 것인가 도망갈 것인가 반응이었던 거지. 겁먹거나 위협을 느낄 때, 몸이 우리를 보호하려는 건 자연스러운 반응이야. 걱정이라는 수수께끼를 풀려면, 이 정보를 반드시 이해해야 해. 너의 몸은 공포에 반응하고, 그렇게 반응하는 동안 네 몸에서는 신체 작용이 일어나. 진화하면서 그런 반응이 발달한 건데 쓸모 있을 때가 있어.

공포 반응이 부에게 일으킨 일

- 털을 부풀리고 등을 동그랗게 구부려서 몸집이 크고 위협적으로 보이게 했어.
- 눈동자를 키워 더 잘 볼 수 있게 했어.

- 으르렁거리며 쉿쉿 소리를 내서 화가 났다는 걸 알렸어.
- 심장이 쿵쾅거리게 해서 혈액이 근육에 산소를 더 빨리 공급하도록 했고, 그래서…,
- 재빨리 도망칠 수 있도록 했어!


　　사람의 싸울 것인가 도망갈 것인가 반응은 고양이와는 조금 달라. 사람은 털이나 꼬리가 없잖아. 하지만 목적은 같지. 바로 행동할 준비를 하게 만드는 거야. 이건 검치호랑이와 같은 거대한 동물들로부터 도망쳐야 했던 원시 시대부터 그랬어.

　　내 행동은 기본적으로 바람처럼 도망치는 거였어. 부와 나는 위험을 느꼈을 때 거의 같은 행동을 했어. 너도 그럴 거야.

## 겁먹을 때 우리 몸에서 일어나는 일

- 두뇌가 몸에 신호를 보내서 아드레날린 같은 특별한 화학 물질을 방출시켜(용어를 외울 필요는 없어. 하지만 외워 놓으면 아는 척할 수 있겠지). 그러면 화학 물질은 다시 몸에 신호를 보내서 우리가 도망치거나 자신을 보호할 준비를 하게 만들어.
- 심장이 평소보다 빨리 뛰기 시작해. 혈액과 산소를 대근육에 보내려고 말이야.
- 호흡은 마치 개가 헐떡이는 것처럼 빨라져(혀를 밖으로 내놓지는 않지만).

근육과 두뇌에 산소를 많이 공급하기 위해서야. 그렇게 되면 근육은 격하게 움직일 수 있고, 두뇌는 창의적으로 생각할 수 있게 되거든.

• 땀도 흘리게 돼. 그러면 몸이 시원해져서 흥분을 가라앉힐 수 있어. 책에서 봤는데, 땀이 나면 피부가 미끄러워져서 적으로부터 도망치기가 쉽대. 진짜 기발하다!

• 부처럼 눈동자가 커져서 눈이 더 잘 보이게 돼.

• 속이 안 좋을 수 있어. 왜냐면 위험에 처했을 때 우리 몸은 소화에 신경 쓰기보다 도망치는 데 도움이 되는 대근육에 주의를 기울이거든.


## 악취 풍기기, 꼬리 내리치기, 죽은 척하기

너 지금 이렇게 생각하는 거 아니니? '와, 이 모든 걸 알아내다니 케이시는 정말 똑똑하구나.' 다시 말하지만 나 혼자 알아낸 게 아니야. 많은 사람들, 특히 엄마의 도움이 컸어. 우리는 많은 책을 읽었고, 사람들과 대화도 나누었어. 퍼즐을 풀고 게임에서 이기기까지 오랜 시간이 걸린 거지. 내가 너의 멘토가 되어 지름길을 알려 준다니 기쁘지 않니?

지금 너에게 가르쳐 주는 걸 알아냈을 때 난 굉장히 감탄했어. 자연 상태의 동물이 자신을 보호하기 위해 하는 행동을 연구했거든. 예를 들면, 스컹크는 고약한 냄새를 풍기고(이 녀석들은 피해야 해,

알았지?), 비버는 수면에 꼬리를 내리쳐서 위험을 알리며, 개는 으르 렁거리며 이를 내보이고(애들은 꼭 그런다니까!), 다람쥐와 쥐는 조각 상처럼 얼어붙거나 좁은 틈으로 도망치며, 주머니쥐는 죽은 척해(진 짜 영리하다). 그래서 이것을 '싸울 것인가 도망갈 것인가, 아니면 얼 어붙을 것인가 반응'이라고 할 수도 있어. 수업 시간에 한눈팔고 있 는데 선생님이 문제를 풀어 보라고 시켜서 '얼어붙었던' 적 있지?

아마존 밀림에 사는 길이 5센티미터짜리 애벌레는 수백 마리가 나무 옆에 붙어서 무리를 짓고 사는 탓에 마치 역겨운 커다란 녹색 덩어리처럼 보여. 그래서 새들은 그것이 맛있는 영양 간식인지 눈치 채지 못하고 그냥 지나쳐 버려.

아프리카에 사는 얼룩말은 어떨까? 난 흑백 줄무늬가 얼룩말의 몸을 덮고 있는 게 늘 신기했어. 얼룩말은 어떻게 자신을 먹으려는 포식자를 피할 수 있는 걸까? 아프리카 대초원은 갈색이라서 얼룩 무늬를 숨기기 힘들 텐데 말이야. 얼룩말 무리는 도망칠 때 지그재 그로 달려서 포식자의 눈을 부시게 해. 그러면 시각적으로 착각하 게 하는 착시 현상이 일어나서 포식자들은 얼룩말을 한 마리만 골 라 뒤쫓을 수 없게 되지. 얼룩말에 관한 멋진 이야기를 하나 더 하 자면, 얼룩말은 태어난 지 얼마 되지 않았을 때도 다리가 길어서 어 른 얼룩말과 키 차이가 나지 않는대. 그래서 포식자들은 무리 안에 서 약한 녀석이 누구인지 알 수 없지.

## 다음 이야기

동물이 위험으로부터 자신을 보호하는 멋진 방법을 난 끝도 없이 이야기할 수 있어. 문어가 주변 환경에 따라서 피부색을 바꾼다는 이야기도 들었어. 하지만 요점은 이미 말한 것 같아. 인간을 비롯한 모든 생명체는 위험을 감지하게 될 때가 있고, 안전하게 살아남기 위해 보호 반응을 발달시켰어. 참 다행이지. 이제부터 우리는 지나치게 겁먹는 것에 관해, 그리고 이런 공포와 걱정이 도움될 때를 넘어 우리를 불안하고 짜증 나게 할 때에 관해 이야기할 거야.

다음 장의 내용은 유전자와 체질에 관한 것이야. 너의 코치와 흥미로운 내용이 널 기다리고 있어.

# 나무에 올라가지 마!

### 걱정 유전자가 있다?

우리 집에서 몇 집 건너 사는 오도넬 가족은 아이가 넷이야. 남자 셋, 여자 하나. 애들은, 이상하다는 건 아닌데, 전부 머리가 빨갛고 귀가 뾰족해. 눈동자는 갈색에 볼에는 주근깨가 있지. 여름에 수영복을 입으면 다들 갈비뼈가 드러날 만큼 말랐어. 아빠는 빨간 머리에 새치가 섞여 있고 키가 크다는 것만 빼면 아이들과 똑같아.

그런데 내 동생과 나는 전혀 달라. 머리와 눈, 몸에 닮은 구석이 거의 없어. 대부분의 사람들은 우리가 남매라고 짐작도 못 할걸.

이건 유전자와 관련이 있어. 유전자는 일련의 정보 조각들로 우리가 누구인지를 결정해. 외모 같은 데 영향을 주는 거지. 일부는 엄마로부터 물려받고 일부는 아빠로부터 물려받는데, 이것들이 마치 퍼즐처럼 합쳐져. 유전자는 다양한 방식으로 조합될 수 있어. 빙

수에 토핑을 갖가지 방식으로 얹을 수 있는 것처럼 말이야. 그래서 가족들 간에 누구는 닮고, 누구는 안 닮게 되는 거지. 유전자는 외모 외에도 영향을 끼쳐. 이를테면, 딸기 알레르기나 음악적 재능, 상황에 대처하는 방법 같은 것 말이야.

엄마와 나는 어째서 내가 이런저런 것들을 접할 때 겁을 집어먹는지 알아내기로 했어. 정답 하나만 알아내면, 슈퍼 히어로가 악당을 물리치는 것처럼 걱정을 이길 수 있으리라고 생각했거든. 그래서 유전자와 걱정에 관한 책을 엄청나게 읽었지. 우리는 유전자가 바로 그 하나의 정답이기를 기대했어. 별로 놀랄 일도 아니지만 유전자는 우리가 찾는 정답이 아니었지….

사실, 아이들은 별의별 다양한 이유로 겁먹고 걱정해. 넌 좀 전에 걱정이 도움되는 몇 가지 이유를 배웠어. 요컨대, 걱정 덕분에 서두르지 말아야 할 때 신중해지고, 물러서야 할 때 상대를 피하게 되며, 정말로 위험할 때 도망치게 된다는 것을 말이야. 그런데 도움되지 않는 걱정도 있어. 걱정은 우리가 해야 할 일이나 우리를 방해하는 것이 지나치게 많을 때도 신호를 보낼 수 있어. 이런 걱정은 왜 나타나고, 어떻게 강해지는 걸까? 지금부터 얘기할 내용이야.

그런데 이걸 알고 나면 짜증이 날 수도 있어. 일어날 수 있는 나쁜 일을 자꾸 상상하게 되거나, 너 혼자 고칠 수 없는 부분이라고 생각하게 될지도 몰라. 마치 간호사가 네가 감기에 걸릴 수 있다고 계속 말하거나, 선생님이 네가 시험에서 실수한 부분을 계속 들추는 것과도 비슷하지. 난 네가 걱정에 관해 배우는 동안 낙담하지 않기를 바라. 그래서 이쯤에서 중요한 조언을 하나 해 줄게. 걱정을 조금 덜 수 있을 거야.

조언이 뭐냐고? 도움이 되지 않는 걱정은 잡기도 길들이기도 힘든 교활한 장난꾸러기라고 할 수 있어. 하지만 생각만큼 다루기 힘들지는 않아. 일단 잡기만 하면 별거 아니거든. 걱정을 조절하는 일은 그렇게 복잡하지 않아. 노력이 필요하지만, 복잡하지는 않다고. 특히 계획이 있으면 말이야. 내가 만든 계획은 효과가 좋으니까 도움이 되지 않는 온갖 걱정을 다룰 수 있을 거야. 내 말 듣고 있니? 듣고 있으면 고개를 끄덕여 줄래?


## 타고난 대로

유전자로 돌아가 보자. 이건 정말 복잡한 문제일 수도 있어. 어떤 학자들은 유전자를 연구하는 데 평생을 바친다고. 다행히, 너에겐 내가 있지!

엄마와 내가 알아낸 바에 의하면, 유전자는 우리가 얼마나 많이 걱정하는가에 영향을 미쳐. 심지어 도움이 되지 않는 걱정, 다시 말해 우리를 방해하고 불편하게 만드는 걱정에까지 말이야. 정말 짜증 나지. 최악은 뭘까? 걱정은 우리가 생각을 너무 많이 하게 만들어서 행동하지 못하게 해.

어렸을 때 리지라는 친구가 있었어. 우리는 자주 어울렸는데, 항상 리지의 집에서만 놀았어. 리지는 말수가 적었어. 특히 어른들한테 말을 잘 안 했어. 난 아이, 어른 가리지 않고 수다를 떨었지만! 하지만 난 리지가 왜 그러는지는 전혀 몰랐어. 유전자를 공부하고 나서야 그 이유를 알게 됐지. 과학자들은 두세 살배기를 포함해서 수줍음이 아주 많은 어린아이는, 나이가 들어서도 걱정을 많이 할 가능성이 크다고 확신해. 이런 아이들은 놀이터에서 부모의 다리를 놓지 않으려 하고, 보모와 같이 있기를 싫어하지. 툭하면 울고, 유치원에 가기도 꺼려. 이렇게 수줍어하는 아이는 때로 굉장히 조용해. 딱 리지네!

수줍음 많은 아이가 전부 겁보로 자란다는 건 아니야. 그저 수줍음과 걱정에 연관성이 있다는 거지. 좋은 소식이지? 걱정 학자들은 '더 큰 가능성'을 말하는 거야. 네가 수줍음이 많은 아이라면, 커서 겁보가 될 가능성이 커. 하지만 너 하기에 따라서 걱정은 좋아질 수도 나빠질 수도 있는 거야. 이건 이를 관리하는 것과 비슷해. 이를 닦고 치실을 쓴다고 해서 충치가 절대 안 생긴다고 장담할 수는 없어. 다만 생기지 않을 가능성이 훨씬 커지지. 또 이를 닦지 않는다고 해서 충치가 반드시 생기는 것도 아니야. 하지만 생길 가능성이 커지지.

확실성이 아니라 가능성이라는 점이 중요해.

내게 계획이 있다고 말했지? 네가 수줍음 많은 아이라면 계획이 필요해. 이건 두뇌를 닦고 두뇌에 치실을 쓰는 것과 비슷해. 계획을 배우고 써먹는 건 좋은 습관을 새로 들이는 것과 같아. 당연히, 진짜로 두뇌를 닦거나 치실을 쓴다는 말은 아니야. 그건 생각만 해도 끔찍하다.


## 엄마가 태도를 바꾸다

'걱정 유전자'로는 수줍음이 많지 않은 내가 왜 걱정이 많은지를 완전히 설명할 수 없다는 사실을 알았을 때, 엄마와 나는 기쁘기도 하고 슬프기도 했어.

기뻤던 까닭은 내가 변하지 않는 걱정을 타고난 게 아니었다는 거야. 너도 나랑 같아! 조사를 하기 전까지 우리는 걱정이 변하지 않는 것이라고 생각했어. 그런데 아니더라고. 내 눈동자 색깔은 영원히 변하지 않아. 하지만 걱정이 많은 건 시간이 지나면 변할 수 있어. 이 사실을 알고 얼마나 좋았는지 몰라.

우리가, 특히 엄마가 슬펐던 까닭은 부모의 걱정을 아이가 물려받을 수 있다는 것 때문이었어. 하지만 유전적으로 물려받는다는 뜻은 아니야. 아마도 엄마가 걱정하는 모습을 내가 봤기 때문일 거야. 엄마도 모르는 사이에 내게 걱정을 가르친 거지. 이것 때문에 엄마가 아주 힘들어했어.

엄마는 나와 동생이 보고 배울까 봐 더는 걱정하는 모습을 보이지 않기로 결심했어. 책을 읽고 연구를 했지. 그리고 가족과 육아, 걱정에 관해 전문가들과 대화를 나눴어. 그러면서 엄마는 중요한 내용을 알게 됐고, 그것을 많은 사람들과 나누기를 원해. 걱정 때문에 힘들어하는 사람이 많으니까. 너는 물론이고 너희 부모님이 꼭 이 책을 읽었으면 좋겠다. 부모님께 이 책은 '필수 정보'로 가득하다고 말씀드려. 그렇게 말하면 대부분 관심을 보이시거든. 하지만 "내 걱정은 다 부모님 때문이에요."라고는 하지 마. 그러면 네 말을 듣지 않으실 테니까.

부모가 자신도 모르는 사이에 걱정을 가르치고 심지어 더 단단하게 만든다고 했는데, 어떻게 그러는 걸까? 여기에는 두 가지 방식이 있어.

• 부모가 걱정을 많이 한다.
• 부모가 자식의 마음을 편하게 만들려 한다.

첫 번째 것부터 이야기해 보자. 부모가 걱정을 많이 하면 아이

38

들도 걱정하게 돼. 부모님은 우리에게 많은 것을 가르쳐. 말하는 법, 신발 신는 법, 화장실 사용하는 법 같은 거. 또 야구 하는 법, 고기 써는 법과 처음 학교에 가는 날 어떻게 해야 할지도 가르쳐 줘. 옛날에는 부모가 자식에게 장래의 직업까지 전수했다고 해. 이를테면, 농부는 자식을 농부로 키웠고, 대장장이는 대장장이로 키웠어. 엄마는 딸에게 빵 굽는 법과 양말 수선하는 법을 가르쳤고(과거의 여자아이들은 상황이 지금과 달랐어. 그때는 선택할 직업이 많지 않았지). '부전자전'이나 '모전여전'이라는 말 들어 봤지? 이건 변치 않는 이치야.

부모는 자신의 생각을 가르치는 법이야. 그러니까 너희 부모님 중 한 분이 걱정을 많이 하는 경향이 있다면, 자신도 모르는 사이에 너에게 도움이 되지 않는 걱정을 가르칠 수 있는 거지. 우리 엄마는 자신이 걱정을 많이 하는지도 몰랐다고 해. 차 조심해라, 음식 조심해라, 물 조심해라, 이런 것들을 엄마는 일일이 말해 주곤 했어. 물론 내가 물어볼 때 대답해 줬더라면 유익한 조언이었겠지.

아무튼 엄마와 나는 걱정 많은 어른의 양육법이 걱정 없는 어른과는 조금 다르다는 것을 알게 됐어. 요전에 공원에 갔다가 어떤 엄마가 아들에게 하는 얘기를 들었어. 그 엄마는 그네를 밀어 주면서 아들에게 꼭 잡으라는 얘기를 하고 또 했어. 아이는 미끄럼틀을 타고 싶어 했지만 그 엄마는 너무 위험해서 안 된다고 했어. "머리를

다치거나 이가 빠질 수도 있어!" 그 말을 듣고 났더니, 나까지 미끄

럼틀 타기가 싫어졌지 뭐야!

　나중에 이 이야기를 엄마에게 했더니, 엄마도 공원에서 내게 걱

정을 가르친 적이 있다고 했어. 내가 일곱 살 때의 일이야. 난 커다

란 나무의 가지에 두 손으로 매달려서 한쪽 다리를 가지에 걸쳤고,

엄마는 소리를 질렀대. "케이시, 나무에 올라가지 마! 떨어지면 목

이 부러질 수도 있어!" 뭐가 문제일까? 엄마는 겁이 났을 때, 내게

와서 나무를 안전하게 타는 법을 가르쳐 줄 수도 있었어. 그저 나

를 겁주려고 한 거라면, "팔이 부러질 수도 있잖니."라고 말할 수도

있었고. 하지만 엄마는 "목이 부러질 수도 있어."라고 했어. 팔이 부러지면 손쓸 수 있지만, 목이 부러지면 그럴 수가 없지. 엄마는 자신이 그렇게 얘기해서 내가 지나치게 겁을 먹었다는 걸 깨달았어.

부모는 자식을 이끌어 주고 도와야 해. 하지만 도우려 했다가 그저 아이를 겁먹게 만드는 경우가 종종 있어. 부모는 아이를 안전하게 지켜야 하지만, 걱정이 많으면 안전의 기준을 정하는 데 어려움을 겪곤 해.

다음으로, 부모가 걱정을 불러일으키고 더 단단하게 만드는 두 번째 경우를 이야기해 보자. 부모는 아이가 겁먹거나 불안해하지 않고 편해지기를 원해. 그리고 그런 환경을 만들어 줄 의무가 있어, 맞지? 내가 태어난 이후로 우리 엄마는 매일같이 날 먹이고, 몸을 따듯하게 하고, 아프면 간호해 줬어. 도시락을 싸 주고, 안전띠를 점검하고, 이불을 덮어 줬지. 너희 엄마도 그랬지?

내가 걱정하기 시작했을 때, 그리고 걱정 때문에 뭔가를 하지 않으려 할 때, 엄마는 당연히 내 마음을 편하게 만들려고 했어. 그런데 난 내 걱정을 엄마에게 퍼부었어. 정말로 못되게 말이야. 울고, 떼쓰고, 뭔가 하기 싫을 때마다 토할 것 같다고 말했지. 내가 너무 난리를 치니까 엄마는 수단과 방법을 가리지 않고 날 진정시키려고 했어. 그게 엄마의 의무였고, 엄마는 그걸 아주 잘 해냈지! 엄마의 처방은 효과가 있었어. 그때는 그렇게 생각했어.

내가 롤러코스터를 안 타겠다고 하면, 엄마는 타지 말라고 했어. 강요할 일도 아니었고. 내 방에서 잠이 안 온다고 하면, 엄마는 나를 엄마 방에서 자게 했어. 나를 버스에 태워 학교에 보내는 게 걱정이었던 엄마는, 내가 버스를 타지 않도록 했어. 그렇게 걱정을 피할 때마다 우리 둘 다 마음이 편했기 때문이야. 우리가 잘못했다고할 수 있을까? 사람들은 공포나 걱정을 느끼면, 그 감정을 불러일으키는 것으로부터 도망쳐. 그러면 마음이 편해지잖아. 완벽하지?

그래, 걱정이 더 커지기를 바란다면, 완벽해. 그게 나한테 일어났던 일이야. 엄마와 내가 걱정을 불러일으키는 것들을 멀리하면서 걱정은 더욱더 내 삶을 지배하게 되었어.

왜냐고? 엄마와 내가 최우선 목표로 삼은 건 내게 걱정을 불러일으키는 것을 모조리 멀리하는 것이었거든. 엄마는 내 마음이 편해지기를 원했기 때문에 내가 그런 것들과 가까이 있지 않도록 도왔어. 내가 놀라지 않기를 바란 거야. 엄마가 내게 뭔가를 강요하지 않고 피하게 해 주면, 난 더는 놀라지 않았어. 우리는 걱정에 항복했던 거야. 다른 방법을 몰랐으니까. 걱정은 점점 더 커지고, 내 삶은 점점 더 작아졌어. 버스를 타지 않고, 친구네 집에서 자지 않고, 심지어 내 방에서도 자지 않게 됐지.

아이가 겁내는 것을 피하게 해 주고, 항상 마음을 편하게 해 준다면, 부모는 아이의 걱정이 커지도록 돕는 거야. 아니면 그렇게 몰아가는 거야. 내 동생 엘리엇은 엄마한테 학교가 안전하냐고 묻고 또 묻곤 했어. 엄마는 매번 엘리엇을 안심시켰지.

"그럼, 학교는 안전해. 어른들이 너희를 안전하게 지켜 주잖아."

엘리엇은 잠시 안심하다가 다시 묻곤 했어. 엄마는 매번 엘리엇의 마음을 편하게 해 줄 말을 했지. 안심시키기는 걱정을 피하는 또 다른 방식일 뿐이야. 엘리엇은 두려움을 다스리는 법을 전혀 배우지 못했거든. 엘리엇은 엄마가 공포를 몰아내 주기만을 바랐어.

항상 마음이 편하기만 할 수는 없어. 왜냐면 겁먹는 건 정상적인 반응이니까. 커다란 개가 달려들면 겁이 나게 되어 있어. 처음으로 학교 버스를 타면 겁이 날 거야. 우리는 겁먹고 걱정하게 되어 있어. 그러니까 그걸 피할 게 아니라, 예상하고 어떻게든 극복해야 해. 내가 장담하는데, 하다 보면 점점 수월해질 거야. 내가 같이 도와줄 거니까. 하지만 네가 고집을 부리며 걱정과 두려움을 계속 피한다면, 불안을 느끼는 연습도, 그걸 극복하는 방법도, 배우지 못할 거야. 너와 너희 부모님은 네가 불안을 느끼게 해야 해. 그러면 너와 부모님 모두 달라질 거야.

듣기 싫지? 이해해. 걱정이 사라지는 마법 약을 만들었다면 내가 우리나라에서 최고 부자가 됐을 텐데. 부모님과 아이들이 그 약을 사려고 커다란 통을 들고 줄을 서겠지. 하지만 그런 약은 없어. 그러니까 너의 감정을 조절하는 법을 배우고 걱정을 다루기 위한 계획을 세워야만 해. 아, 계획? 그래, 너도 계획이 필요하지? 우리 서로를 알게 되어서 너무 좋다. 일단 계속 읽어 줘. 뭔가를 바로잡으려면 문제가 무엇인지 더 잘 알아야 하니까 말이야.

 다음 이야기

지금까지 배운 건, 타고난 유전자와 부모의 가르침이 우리의 걱정에 영향을 미친다는 거야. 다음 장에서는 아이들을 걱정하게 만드는 것에 대해 더 알아볼 거야. 거북이, 마쉬맨, 스파게티에 대해 배울 테니 준비하고 있어. 진짜야, 스파게티에 대해 배울 거라고.

# 잘 익은 스파게티 면

## 융통성은 힘이 세다

가끔 친구 집에 놀러 가면, 친구 오빠가 컴퓨터 게임을 하고 있을 때가 있어. 화면에선 사람들이 총이나 폭탄을 맞고 죽어. 가짜라는 건 알지만 폭력적이고 끔찍해. 그날도 그 친구네 집에 갔는데, 컴퓨터 게임이 요란한 소리를 내고 텔레비전에서는 뉴스가 나오고 있었어. 그런데 친구 아빠가 불쑥 나타나서 친구가 피아노 수업에 가야 하니까 얼른 나갈 채비를 하라는 거야. 우리는 급하게 신발을 신고 차로 달려갔어.

내가 우리 집 현관에 들어서는데 엄마가 고개를 갸우뚱하며 물었어. "무슨 일 있었니?" 내가 눈은 왕방울만 해지고 어깨는 귀에 닿을 정도로 움츠러든 상태였던 거야. 정신없이 서두르다 보니 내 몸이 긴장했었나 봐. 실제로는 위험이 없었는데도 내 몸과 마음이 싸울 것인가 도망갈 것인가 모드로 바뀌었던 거지. 난 숨을 돌리고 진정하기 위해서 잠시 가만히 있어야 했어.

난 다른 아이들이 신경 쓰지 않는 사소한 일들에 신경이 쓰이나 봐. 몇 달 전에 친구와 영화 한 편을 봤어. 평소처럼 영화를 상영하기 전에 예고편이 몇 개 지나갔지. 그런데 그것들이 하나같이 너무 시끄럽고 번쩍거려서 손으로 귀를 막고 눈을 감았어. 예고편이 너무 과격했던 거야.

너도 나와 비슷하니까 여러 작은 일들, 주로 시끄럽고 무섭고 빠르게 흐르는 상황들이 합쳐져서 우리에게 문제를 일으킨다는 걸 알 거야. 알고 싶지도 보고 싶지도 않은 것들이 우리에게 계속 달려들지. 하지만 우리가 사는 세상은 빠르고 시끄럽게 돌아가는 곳이라서 우리는 그 안에 휘말릴 수밖에 없어. 난 종종 우리 같은 아이들의 모습을 마음속에 그려 보곤 해. 뻣뻣하게 긴장한 채 쌩하고 지나가는 세상을 지켜보는 우리를 말이야. 우리는 분주한 거리를 가로지르려 하는 거북이와 같아.

어른들은 이런 걸 스트레스라고 불러. 내 주변의 어른들은 스트레스 이야기를 많이 하는데, 직업과 교통, 돈 때문에 스트레스를 받는 것 같아. 아이들은 학교와 숙제, 가족, 친구 때문에 스트레스를 받고, 너무 많은 걸 하거나 배우려 들 때, 그리고 모든 걸 다 알아야 한다고 생각할 때도 그래. 스트레스를 받으면 세상의 모든 긴장을 몸으로 다 빨아들이는 느낌이 들지. 마치 스펀지처럼. 스트레스를 받으면 우리는 불안해하고 걱정하게 돼.

내가 걱정 많은 아이였을 때 엄마는 이렇게 말하곤 했어.

"케이시, 이걸 언제 다 끝내니. 하루가 더 길면 좋겠구나."

하지만 많은 것을 깨달은 지금, 엄마와 나는 하루를 더 천천히 보내고 일을 더 적게 하려 애쓰고 있어. 엄마의 할머니는 완벽한 하루를 이렇게 표현했대. "갈 데가 없는데 온종일 그곳으로 가는 날." 멋지지 않니? 기분이 좀 나아지지 않았어? 난 이 말을 생각하는 것만으로도 숨을 더 천천히 깊이 쉬게 돼.

요컨대, 바깥세상으로부터 받는 스트레스는 우리를 불안하고 걱정스럽게 만들 수 있어. 아쉽게도 바깥세상의 수많은 일에 대해 우리 아이들이 할 수 있는 것은 별로 없어. 하지만 우리 안에서 벌어지는 일을 다루는 법을 배우면, 틀림없이 바깥세상에서 벌어지는 일에도 더 잘 대처할 수 있을 거야. 내가 멋진 방법을 아주 많이 가르쳐 줄게. 그러니까 날 믿고 따라와 봐!

## 상상해 봐!

몇 년 전에, 사촌 언니가 가족과 함께 와이오밍에 있는 그랜드티턴 국립 공원으로 캠핑 갔던 일을 이야기해 줬어. 언니는 오후에 혼자 하이킹을 하고 있었는데, 아주 뜨겁고 햇볕이 쩽쩽 내리쬐는 날이라서 입이 바싹 말라붙었대. 배낭에 가지고 있던 물이 다 떨어지자 언니는 갈증을 해결하고 싶은 생각뿐이었대. 언니는 당장 마시고 싶은 음료를 떠올렸지. 시원한 레모네이드나 얼음물 같은 거 말이야. 그리고 언니는 그 맛을 느낄 수 있었대.

언니의 얘기를 듣는데 나도 갈증이 나더라. 목이 말라서 뭔가를 마시고 싶었지. 목이 타는 듯했어! 언니가 레모네이드 얘기를 꺼냈을 때는 나도 그걸 벌컥벌컥 마시고 싶더라니까.

네가 부드럽고 따끈따끈한 초콜릿이 점점이 박혀 있고 버터 냄새를 풍기는, 오븐에서 갓 구운 초콜릿 칩 쿠키에 대해 이야기한다면, 내 입에는 당장 침이 고일 거야. 심지어 쿠키를 베어 물며 시원한 우유를 들이켜는 상상을 하기에 이르겠지.

네가 모기한테 발목을 여섯 방이나 물렸던 경험을 말한다면, 아마 나도 간지러움을 느끼고 발목을 긁게 될 거야.

내가 무슨 말을 하는지 알겠지? 뭔가를 생각하면, 더 정확히 말해 상상하면, 몸에서 뭔가가 느껴진다는 말이야. 이 현상은 우리가 생각하고 창작하고 배울 때 굉장한 역할을 해. 엄청나게 재미도 있어. 상상은 과거와 현재, 또는 현재와 미래에 다리를 놓는 것과 같아. 또한 뭔가를 미리 연습하고, 새로운 생각을 시험해 보고, 기술을 연습할 수도 있지. 마음속에서 안전하게 말이야. 세상에서 가장 멋진 발명이 뭐라고 생각해? 어떤 발명이든 누군가가 그걸 상상하는 데서 시작됐을 거야. 생각하고 집중하고 열심히 일해서 상상을 현실로 만든 거지.

하지만 우리가 언제나 좋은 것만을 상상하는 건 아니야. 나쁜 것도 미리 연습해 볼 수 있어. 우리 몸에 불안감을 불러일으키는 무서운 이야기를 계속 마음속으로 떠올리면 걱정이 점점 커져. 책을 읽으면서 이야기 속으로 빠져드는 것처럼 말이야. 다만, 재미있는 책이 아니라 불안하게 만드는 책을 읽고 있는 거지.

1장에서 내가 개와 마주쳤던 이야기를 했었잖아? 그 이야기를 쓸 때 난 침대에 편안하게 앉아 있었어. 그런데 곧 심장이 두근거리고 손이 축축해졌지. 지금 내가 이야기하는 게 바로 그런 거야. 안전한 상태인데도 또다시 겁먹게 된다니까.

네가 친구 집에서 자는 걸 겁낸다고 해 보자. 친구 집에 가야 할 때, 넌 아마도 악몽을 꾸거나 배가 아픈 것처럼 나쁜 일이 생기는 걸 상상할 거야. 친구 집에서 자다가 한밤중에 너희 부모님을 깨워서 너를 데려가게 만드는 장면을 떠올릴 수도 있겠지. 일어날 수 있는 모든 나쁜 일을 상상하면서 마음속으로 네가 무서워하는 장면을 반복하고, 너의 몸은 그 장면에 맞게 반응하는 거야. 심장 박동이 빨라지고, 토할 것 같은 느낌이 드는 거지. 친구가 "야, 오늘 우리 집에 와서 잘래?"라고 말하면, 곧바로 네 마음이 끔찍한 사건을 너한테 모조리 보여 주는데 "알았다."고 할 수 있겠니? 절대 없지!

그런 식으로 우리가 뭔가를 피하게 되는 거야. 이걸 하나로 연결되는 단계로 생각해 봐. 친구네 집에서 자는 일 같은 뭔가를 하려고 하는데, 그 행동이 안전하지 않다고 생각하면 우리는 두려움을 느껴. 그래서 걱정하게 되는 거야. 만약 마음을 진정시킬 방법을 찾지 못하면, 우리는 그 행동을 피하게 돼. 피하기로 하면 마음이 편해지고, 그러면 우리는 피하기를 잘했다고 생각하게 되지. 그리고 다음에도 그 일을 피하고 싶게 돼. 그게 마음을 진정시키는 유일한 방법이니까. 이 과정을 그려 볼게.

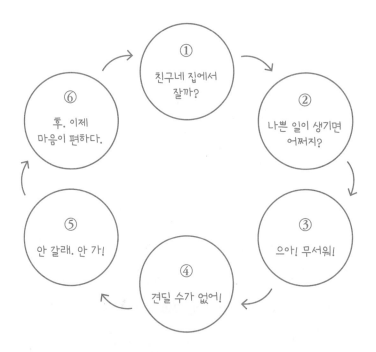

자신의 생각에 빠져서 거기에 몸을 맡기면 걱정이 커질 수밖에 없어. 난 걱정 상상하기의 달인이었어. 비참한 최후를 상상할 수 있었지. 아직 일어나지도 않은 일에 대해서 말이야! 이런 걱정을 반복하지 않으려면 새로운 계획을 세워야 했어. 그래서 상상력의 힘에 관해 공부하다가 엘리엇의 만화책에서 아주 멋진 걸 발견했지.

내 동생 엘리엇은 만화책을 아주 좋아해. 특히 슈퍼 히어로가 위험을 무릅쓰고 악당과 싸워 세상을 구하는 이야기를 좋아하지. 요새는 혼자서도 책을 잘 읽는데 그래도 혼자 읽다 지치면 내가 소리 내서 읽어 주곤 해. 몇 달 전에 『마쉬맨과 스웜프 리저드의 대결』 17쪽을 보다가 난 중요한 것을 깨달았어. 잘 들어 봐. 만화 속 슈퍼 히어로는 대체로 이상한 사고를 당한 뒤 초능력을 얻어. 화학 실험실에서 사고를 당하거나 돌연변이 뱀에게 물린 뒤 엄청난 힘이나 시력·미각 등을 얻지. 그들은 힘이 생겼다는 사실을 깨닫자마자 그 힘으로 무엇을 할지 결정해야 해. 좋은 일을 할 것인가, 나쁜 일을 할 것인가. 은행을 털 것인가, 은행 강도를 잡을 것인가…. 이 만화책을 보면서 난 너와 나를 떠올렸어.

우리는 저마다 상상력이라는 초능력을 갖고 있어. 상상력으로 온갖 일을 일어나게 할 수 있고, 가지각색의 다리를 만들 수도 있어. 너무나 환상적인 능력이지. 너도 골칫거리를 상상한 후에 걱정이 더 많아졌던 경험이 있을 거야. 걱정 때문에 뭔가를 못 하게 됐겠지. 부모님께 이렇게 묻기도 했을 거야. "저 괜찮은 거죠? 안심해도 되죠? 침대 밑에 괴물이 있는 건 아니죠?" 아니면 상상을 억누르기 위해 집 안을 온통 환하게 밝히거나 잠들기 전에 부모님께 침대 밑을 여든두 번쯤 확인해 달라고 했을 수도 있고. 이런 게 앞에서 이야기한, 무조건 마음을 편하게 하기 위한 행동들이야.

지금과는 다른 이야기를 만들고 싶지 않니? 너의 상상력이 어떻게 도움이 될 수 있는지 알고 싶지 않니? 마쉬맨이 할 수 있으면, 너도 할 수 있어. 내가 세워 놓은 계획을 잠시 후에 알려 줄게.


## 익은 스파게티 면

익지 않은 스파게티 면을 상상해 봐. 상자에서 막 꺼낸 면 말이야. 그래, 잠시 책을 내려놓은 다음 눈을 감고 상상해 보는 거야. 난 기다리고 있을게.

상상했어? 이제 그걸 부러뜨리지 않으면서 반으로 접는 장면을 상상해 봐. 해 봤어? 어떻게 됐니?

좋아, 이번에는 익은 스파게티 면이 접시에 놓여 있다고 상상해 봐. 소스는 상관없어. 익은 면은 구불구불하게 구부릴 수도 있지. 원이나 S자를 만들어 봐. 팔찌랑 안경을 만들어도 좋겠다. 엄청 유연하지?

걱정하는 아이들은 익지 않은 스파게티 면과 같아. 뻣뻣해서 구부러지지 않지. 유연하지가 않아. 내가 만나 본 걱정 전문가의 말에 의하면, 융통성 없는 아이가 걱정을 많이 한대. 무슨 말인지 알겠어? 앞일을 정확히 예측하기 바라는 아이는 뜻밖의 상황이 생겼을 때 걱정을 한다는 말이야. 융통성이 없다는 뜻이지. 새롭거나 예상 밖의 일이 생겼을 때, 이를테면 학교에 임시 교사가 오거나 야간 조명이 꺼졌을 때, 걱정 많은 아이는 이렇게 말해. "이건 내가 계획한 게 아니야! 이렇게 될 줄 전혀 몰랐어. 너무 뜻밖이라 어떻게 할 수가 없잖아!" 스파게티 면 부러지는 소리가 들리네. 너도 들었지?

자신이 완벽해야 한다고 생각할 때도 걱정이 커져. 완벽하다는 말은 듣기 좋지, 안 그래? 누가 완벽한 걸 싫어하겠어. 모든 과제에서 완벽한 점수를 받는 걸 상상해 봐! 자전거를 완벽하게 타고, 노래를 완벽하게 부르는 건 어떻고! 하지만 완벽해지려다 보면 융통성이 없어지게 마련이야. 아이든 어른이든 어떤 일을 하는 데 단 하나의 완벽한 방법만이 있다고 믿고, 실수는 절대 받아들일 수 없는 끔찍한 것으로 여길 때, 걱정이 커지는 거야.

실수는 받아들일 수 없다고? 걸음마 배우던 게 기억나니? 난 기억 안 나. 하지만 엘리엇이 배우는 건 봤지. 계속 넘어지기만 하더라. 엉덩방아를 찧고 이마를 찧고. 한번은 주방에서 연습하다가 균형을 잃고 식탁보를 잡아당기는 바람에 우유를 부은 시리얼 두 그릇과 오렌지 주스 한 잔이 바닥에 떨어졌어. 그때 엄마가 엘리엇에게 이렇게 말했다면 어땠을까?

"엘리엇, 미안하지만 여기서는 절대 실수하면 안 돼. 완벽하게 걸을 수 있을 때까지 다시는 걷지 마."

실수를 못 하게 했다면, 네가 자전거 타는 법을 배울 수 있었을까?

포크를 사용하는 법은?

코트 지퍼를 잠그는 법은?

알파벳 쓰는 법은?

4학년 때 부엉이 포스터를 만드는 숙제가 있었어. 하지만 내 능력으로는 부엉이를 책에 있는 사진처럼 그릴 수 없다는 걸 처음부터 알았지. 완벽할 수 없다는 걸 알았던 거야. 하지만 어쨌든 포스터를 선생님께 제출해야 한다는 것도 알았어. 난 숙제를 계속 미뤘어. 밤마다 부엉이 포스터 생각을 했지만 도저히 시작할 수가 없었지. 마음에 들지 않을 게 뻔한, 실수 같은 그림을 그려야 한다는 걸 견딜 수 없었으니까. 차라리 포스터와 나 사이에 일단정지 표지판을 가져다 놓는 게 나았을 거야. 숙제 제출 전날 밤에 난 펑펑 울었어. 결국 포스터를 그리긴 했지. 시간도 없고 엄마가 어서 자야 한다고 재촉해서 간신히 그린 거였지만. 숙제를 내고 나니 기분이 끔찍했어. 포스터가 완벽하지 않았으니까. 난 거의 완벽한 것조차 참을 수 없는 아이였거든.

난 '완벽'하고자 하는 태도를 고치려고 애썼어. 내가 익은 스파게티 면이 되면, 다시 말해 나의 '완벽한' 기준에 맞지 않더라도 나름대로 최선을 다한 것을 받아들이면, 스트레스를 아주 많이 받지 않는다는 걸 알게 됐지. 실수가 상상했던 것만큼 나쁜 게 아니라는 걸 깨달았어. 직접 실수를 해 보니까 그렇더라고. 그래서 지금 난 전보다 유연해졌어.

물론 완벽해야만 할 때도 있지. 화학 실험실에서 약을 만들 때는 화학 물질을 완벽하게 측정하려 노력해야 돼. 그래야 어떤 물질이 약효가 있는지 알 수 있으니까. 하지만 다행히 아직은 우리가 그 정도로 완벽해야 할 일은 없어.

익은 스파게티 면처럼 유연해지기는 내가 널 위해 세운 계획의 일부야. 넌 이 계획을 시험해 보고 조절해야 해. 그 과정에서 실수를 할 수도 있어. 사실은 일부러 실수해야 할지도 몰라. 왜냐고? 그래야 마음이 처음엔 불안하지만 갈수록 편해지는 걸 알게 될 테니까. 불안이 오래가지 않는다는 걸 알면, 불안을 조절하기가 훨씬 쉬워질 거야.


## 무대에 오르기

내가 걱정 때문에 뭔가를 피하고 밖에 안 나가겠다고 고집부릴 때, 엄마는 두 손 두 발 다 들고 내가 집에 있게 허락하곤 했어. 하지만 어떨 때는 못마땅해하며 "그냥 해 보라니까." 하고 쏘아붙였어. 그러면 난 시키는 대로 하긴 했지만 울고불고 난리를 쳤어. 그럴 때면 엄마는 아무 말도 하지 않았어. 내가 엄마 말을 들어야 하는 까닭을 다시 설명해 봐야 소용없다는 걸 알았으니까. 엄마가 날 일부러 울리려 한 것도 아니고, 그때마다 자신을 형편없는 부모라고 생각했다는 걸 난 알고 있었어. 물론 엄마가 말해 줘서이지만.

돌이켜 보면, 내 걱정이 우리의 삶을 참 힘들게 했던 것 같아. 엄마는 직장에 가거나 식료품을 사야 했고, 때로는 그저 자고 싶은 적이 많았을 거야. 그게 계획대로 되려면, 난 학교에 가서 새로운 것을 배우고 쉴 줄도 아는 평범한 아이여야 했어! 엄마가 나를 뭔가 하도록 몰아붙인 건 그게 엄마가 생각할 수 있는 유일한 방법이었기 때문이야. 하지만 엄마가 그렇게 하면, 난 혼란스러워서 어쩔 줄 모르는 상태가 되었지.

난 엄청난 관중이 지켜보는 무대에 억지로 올라가는 끔찍한 꿈을 꾸곤 했어. 음악이 시작되고 노래를 불러야 하는데 노래나 가사를 모르겠는 거야. 관중은 내가 뭐라도 하기를 바라는데 난 할 수가 없는 거지. 난 꿈속에서 이렇게 소리쳤어.

"노래를 모르는데 어떻게 노래를 불러!"

꿈속에서 난 준비가 안 됐는데 억지로 노래를 불러야 했어. 너역시 걱정스러우면서도 뭔가를 해야 했던 적이 있을 거야. 그때의불안했던 마음이 내 꿈과 비슷하지 않니? 뭘 해야 할지 어떻게 해야할지도 모르는데, 그렇게 준비가 안 된 상태에서 뭔가를 억지로 한다는 느낌, 겁나는 상황이지.

내가 할 일은 널 준비시키는 거야. 야구 감독이 경기를 앞두고선수에게 타격 연습을 시키거나, 음악 선생님이 연주회 전에 학생에게 노래를 반복해서 부르게 하는 것처럼 말이야. 그러면 걱정에 맞서서 실제로 뭔가를 할 때, 넌 준비가 되었다는 느낌을 받을 수 있을 거야. 내가 장담해. 걱정을 완전히 물리치는 건 아니야. 완전히편안해지는 것도 아니지. 하지만 준비는 할 수 있을 거야. 어쩌면 신이 날지도 몰라. 그러면 좋겠어.

## 다음 이야기

지금까지 너에게 많은 정보를 전했어. 이제는 스트레스를 받거나 놀라운 상상력을 발휘하거나 또는 융통성이 없으면 걱정이 더 위협적으로 강해진다는 것을 너도 알아. 유전자와 부모님에 대한 것 말고도 말이야.

다음 장에서는 '지루함'이 너의 마음을 흔들고, '예상'이 널 놀라게 할 거야.

내가 어떤 이야기를 할지 궁금하지? 좋아. 그럼 한번 예상해 볼래?

# 걱정아, 또 너구나!

## 예상이 중요하다

쪽지 시험에 "우리는 왜 걱정을 할까?"라는 문제가 나오면 어떻게 대답할래? 여기, 엄마와 내가 찾아낸 답이 있어. 앞에서 다 얘기한 거야.

- 걱정은 본능이야. 걱정은 서두르지 말아야 할 때 우리의 속도를 늦추고, 피해야 할 때 우리를 물러나게 하며, 위험에 처했을 때 우리가 도망치거나 싸우게 해.
- 걱정을 누구는 많이 하고 누구는 적게 하는 이유는 생물학적 구성, 즉 유전자 때문이야.
- 어떤 부모는 걱정하는 모습을 보여서 자신도 모르는 사이에 아이들에게 걱정을 가르쳐.

- 세상은 빠르게 돌아가고 스트레스가 넘치는 곳이라서 우리는 때로 지나치게 흥분해.
- 게다가 우리는 상상력을 발휘해서 우리를 두려움에 떨게 하는 모든 장면을 떠올릴 수 있어!
- 우리 가운데 일부는 모든 것에 완벽을 추구해. 그럴 때는 마른국수처럼 뻣뻣해지지. 그리고 앞일을 확신할 수 없을 때도 걱정이 생겨.

**걱정하는 이유를 답할 수 있겠어? 이걸 짧게 정리해 볼게.**

- (때로) 우리를 지키는 본능이다.
- 유전자의 영향을 받는다.
- 부모로부터 알게 모르게 배운다.
- 세상이 스트레스로 가득하기 때문이다.
- 상상력이 풍부하기 때문이다.
- 모든 것에 완벽을 추구하기 때문이다.

하루는 이것들을 공부하는데 어떤 메시지가 퍼뜩 떠올랐어. '걱정을 예상해라.' 난 이 말이 무슨 뜻인지 눈치챘고, 이것은 엄마와 내가 풀어낸 걱정 퍼즐의 첫 번째 조각이 됐어.

예전에 난 다시는 걱정하지 않았으면 좋겠다고 생각했어. '정상

## 걱정을 예상해라

적인' 아이들은 차분하고 편안하게 하루를 보낸다고 생각했고, 나도 그렇게 되기를 바랐지. 난 다른 아이들은 학기 초에 새로운 선생님, 새로운 교실, 새로운 생활을 접할 때도 너무나 편안해한다고 믿었어. 내 걱정을 완전히 없애야 한다고 생각했지. 하지만 그건 불가능해 보였어. 왜 그렇게 보였을까? 왜냐면 불가능했으니까… 그리고 불가능하니까!

두려워하는 건 정상이야. 그리고 걱정하는 것도 정상이지. 이 말은 벌써 여러 번 했지? 살아 있는 한 우리는 두려움을 느끼고 우리 몸은 거기에 반응할 거야. 두뇌가 있으니 당연히 수많은 생각을 하게 되고, 생각 가운데는 걱정이 있게 마련이지. 우리는 걱정을 없앨 수 없어. 그러니까 그 대신 걱정을 다스리는 방법을 배우는 편이 나아.

네가 첫 번째로 해야 하는 일이 뭘까? 걱정이 불쑥 나타나도 더는 놀라지 않는 거야. 걱정을 예상하라는 말이지. 그래, 걱정은 나타나게 되어 있어. 날 봐. 내 걱정은 더는 날 놀라게 하지 못해. 특히 내가 새로운 것을 배울 때나 무언가를 어떻게 해야 할지 모를 때 말이야.

## 오, 안녕, 걱정아! 또 너야?

지난여름 내가 속한 축구팀의 여자아이가 워터파크에서 거창한 생일 파티를 연다며 나를 초대했어. 그런데 일기예보에서는 오후에 천둥이 치면서 비가 쏟아질 거라고 했지. 난 걱정됐어. 파티가 취소되는 건 싫었지만, 비에 흠뻑 젖는 것도 싫었거든. 워터파크에 도착했는데 멀리서 먹구름이 보였어. 그날 하루가 어떻게 흘러갈지 알 수 없는 상황에서 많은 걱정이 들었어.

'천둥이 치면 어쩌지?'

'수영을 못 하면 어쩐다?'

'폭풍이 지나가면 다시 수영장에 들어갈 수 있을까?'

'비가 쏟아져서 파티장이 흠뻑 젖으면 어떡하지?'

몇 년 전 걱정을 조절하는 법을 알기 전이었다면 난 자신에게 '이러면 어쩌지?' 하는 질문을 쏟아내고, 머릿속으로 곧바로 끝도 없는 걱정을 떠올렸을 거야.

　'엄청난 폭풍이 몰려오는 건 아닐까? 그건 싫은데. 어떻게 해야
할지 모르겠어. 왜 이런 일이 일어나는 거지? 잠깐, 내가 걱정하고 있
잖아! 왜 자꾸만 이러지? 정말 싫어. 사람들이 알아챌 텐데. 여기서
벗어나야 해. 이러면 안 되는데. 당장 이걸 멈춰야 해. 마음을 진정
시켜야 해. 심장이 왜 이렇게 쿵쾅거리지? 몸에 열이 나잖아. 병이 났
나? 기절하면 어떡하지? 토하면 어떡해? 도저히 견딜 수가 없어. 난
뭔가 잘못된 거야. 멈출 수가 없어! 어떡해! 난 정상이 아니야.'

지금 와서 그때를 돌이켜 보면, 난 걱정에 정말 익숙했어. 놀랄 정도로 익숙했지. 지금도 걱정은 끊임없이 내가 방심하는 틈을 노리고 있어. 그리고 예상대로 이런 말로 마무리를 하지.

"케이시, 넌 이걸 견디지 못해!"

만약 말이야, 네 생일에 누군가 너한테 생일 축하 노래를 불러 준다면, 넌 놀라겠니? 안 놀라지. 또 네가 화창한 여름날에 동네를 산책하는데, 덥다면 어떨까? 당연히 안 놀라지. 그런데 예전에 난 걱정거리가 마치 뉴스 속보라도 되는 것처럼 대응했어.

하지만 난 좀 달라졌어. 솔직히 말하면, 아직도 걱정이 불쑥 나타나서 날 괴롭혀. 하지만 자신 있게 말할 수 있어. 난 나아졌어. 걱정에 대응하는 방법을 바꿨거든. 걱정을 예상하는 식으로. 정말이야. 난 걱정이 갑자기 나타나리라는 것을 알아. 걱정은 자기가 날 안전하게 보살펴 준다고 생각하거든.

워터파크에 갔던 날, 먹구름을 보고 일기예보를 들었을 때, 난 파티가 엉망이 되는 장면을 상상했어. 다른 아이들도 비슷한 생각을 했지. 난 내가 걱정하고 있다는 걸 알아차렸어. 그리고 내 걱정에게 이렇게 인사했지.

"안녕, 걱정아. 또 너구나. 그래, 네가 나타날 줄 알았지. 천둥이 치면 파티가 어떻게 될지 알 수 없으니까, '이러면 어쩌지? 저러면 어쩌지?' 하면서 걱정하게 돼 있으니까. 난 네가 나타나도 놀라지 않

아. 걱정하는 건 정상이거든."

여기서 잠시 다른 얘기를 해 볼까. 맞아, 난 걱정과 이야기를 나눠. 미친 게 아니야. 다음 장에서 걱정과 이야기하는 방법을 알려 줄게. 많은 도움이 될 거야!

워터파크의 생일 파티 얘기를 다시 해 보자. 그날 내가 기분 좋았던 이유가 뭔지 알겠니? 바로 내가 걱정을 예상했다는 거야. 사실 그날 천둥과 폭우는 그냥 물러갔어. 그래서 온통 걱정에 휩싸여서 홀로 파티를 망치지 않은 스스로가 자랑스러웠지. 친구들도 나처럼 '이러면 어쩌지?'라는 생각을 했어. 모두 나처럼 결과를 궁금해했지만, 폭풍이 어디로 향할지를 알 수는 없었지. 그냥 지켜봐야 했어.

결론을 말하자면, 걱정을 다루는 첫 번째 방법은 바로 이거야. 걱정을 예상해라.

일단 놀라지 않으면, 걱정을 맞닥뜨렸을 때 대응하는 방식이 달라질 수 있어. 먼저 걱정이 생기지 않는 예를 들어 볼게. 지난주에 친구 제스가 2시에 우리 집에 놀러 오기로 했어. 2시 2분에 초인종이 울려서 현관을 열어 보니, 제스가 있는 거야. 난 인사를 하고 들어오라고 했지. 간단하잖아.

이번에는 이렇게 상상해 보자. 내가 제스한테 놀러 오라고 했는데, 제스가 이렇게 말하는 거야. "나도 가고 싶은데 이미 사촌 집에 가기로 약속을 했어." 그런데 2시 반에 초인종이 울려서 현관을 열어 보니 제스가 있는 거야. 내 반응은 아마 달라질 거야. "안녕!"이라고 하겠지만, 눈이 휘둥그레져서 질문을 쏟아 내겠지. 놀라서 말이야.

자, 그럼 이렇게 생각해 보자. 제스가 2시에 놀러 오기로 하고 2시 2분에 초인종이 울렸어. 그리고 문을 열어 보니 제스가 있는 거야. 그래도 내가 휘둥그레 놀란 눈으로 질문을 쏟아 낼까? 그게 말이 되니? 안 되지. 그런데 걱정이 나타나면 우리가 그렇게 반응한다니까. 아이들은 걱정하는 일이 아주 잦아. 그런데도 걱정이 나타날 때마다 놀라곤 해. 심지어 두려움에 떨기까지 하지. '어떡해! 내일 수업 시간에 선생님이 질문할까 봐 걱정돼 죽겠네! 걱정된다는 생각을 하면 걱정이 점점 더 심해질 거야. 배도 아파. 내일이 되면 더 끔찍해지겠지! 걱정이 점점 더 커질 거야!'

물론 놀랄 일은 생기게 마련이고, 가끔은 놀라서 즐거울 때도 있어. 하지만 엄마와 내가 알아낸 것이 있는데, 걱정이 불쑥 나타날 때 놀라지 않을 수 있다면, 그 즉시 걱정을 통제하는 느낌이 든다는 거야. 우리는 이미 걱정이 왜 생기는지 알아낸 상태였어. 유전자와 융통성 없음을 포함해 지금까지 이야기한 것들 말이야. 이제 우리는 걱정이 언제 생기는지가 궁금해졌어. 걱정이 언제 생기는지 알아맞힐 수 있으면, 아주 많이 놀라지는 않을 것이고 걱정에 어떻게 대응할지도 계획할 수 있을 테니까. 알고 있겠지만, 우리는 걱정을 하나씩 이해해 나가는 중이야. 왜 걱정을 하는지, 언제 걱정을 하는지, 그리고 어떻게 걱정에 대응할 것인지를 차근차근 알아보는 중이란 말이지.

내가 언제 걱정하는지를 알아내는 데 넉 달이 걸렸어. 난 크고 작은 걱정거리들을 기록하기 시작했어. 걱정 목록에는 이런 것들이 있었어. "제스가 우리 집에서 자고 가면 좋겠는데, 제스 엄마가 안 된다고 할까 봐 걱정된다.", "다이빙대에서 한번 뛰어내려 보고 싶다. 그런데 수영장 바닥에서 위로 올라올 때까지 숨을 참을 수 있을지 모르겠다. 다이빙대가 너무 높아 보인다!" 그리고 엘리엇한테도 목록을 적으라고 했어. 풍선껌 두 통을 주고 설거지를 두 번이나 대신해 줘 가면서. 그런데도 목록을 적지 않아서 그냥 물어봐야 했지만. 내가 "넌 어떤 게 무서워?", "오늘 널 성가시게 한 게 뭐니?"라고 물었더니 엘리엇은 "가라테 배우기."와 "오늘 아침에 부를 뒤쫓은 개."라고 대답했어.

처음에는 우리 둘 다 모든 것을 걱정하는 줄 알았어. 하지만 어느 날 밤, 서로의 목록에서 비슷해 보이는 것들을 표시해 보니 걱정하는 종류가 다섯 가지로 나뉘었어.

먼저 두 가지 종류가 드러났어. 난 새롭거나 색다른 것을 할 때, 그리고 계획을 확신하지 못할 때 걱정하더라고. 엘리엇의 걱정 목록에도 비슷한 것들이 있었지. 그다음으로는 사람들 앞에 나서야 할 때였고, 마지막 두 가지는 '이러면 어쩌지?' 질문이 몰려들 때와 무서운 일이 일어날 때였어.

## 케이시는 언제 걱정하는가

- 새롭거나 색다른 것을 할 때: 개학 날 학교 갈 때. 임시 교사가 수업할 때. 다이빙대에서 뛰어내릴 때.
- 계획을 확신하지 못할 때: 제스는 우리 집에서 자려면 엄마의 허락을 받아야 한다. 미니골프를 하는 날에 비가 올지도 모른다. 아이스크림 가게에 내가 제일 좋아하는 맛이 다 떨어질지도 모른다.
- 사람들 앞에 나서야 할 때: 스페인어 수업에서 대답하기. 크로스컨트리 대회에 참가하기.
- '이러면 어쩌지?' 질문이 몰려들 때: 해수욕장 가는 길에 병이 나면 어쩌지? 숙제를 깜박하면 어쩌지? 우리 집 고양이가 죽으면 어쩌지?
- 무서운 일이 일어날 때: 천둥과 폭우 때문에 집에 전기가 나간다. 편도선 수술을 해야 한다. 눈보라가 일어서 길이 미끄러운데 차를 타야 한다.

## 엘리엇은 언제 걱정하는가

- 새롭거나 색다른 것을 할 때: 개학 날 운전기사 아저씨가 새로 올 때. 엄마가 가라테 수업에 데리고 갈 때. 처음으로 비행기를 타야 할 때.
- 계획을 확신하지 못할 때: 엄마가 일찍 퇴근해야 해수욕장에 간다. 데

이비드가 우리 집에서 잘지 안 잘지 모르는데, 난 자면 좋겠다! 엄마가 직장을 옮길 생각을 하고 있는데, 엄마의 일정이 바뀔지도 모른다.

- 사람들 앞에 나서야 할 때: 수업 시간에 소리 내어 시 외우기. 가라테 경기 하기.
- '이러면 어쩌지?' 질문이 몰려들 때: 영화 예고편이 시끄럽고 무서우면 어쩌지? 학교 버스를 탔는데 화장실에 가고 싶으면 어쩌지? 식당에 갔는데 내가 먹고 싶은 요리가 하나도 없으면 어쩌지?
- 무서운 일이 일어날 때: 옆집 개가 우리 집 고양이를 뒤쫓는다. 공원 나무에 너무 높이 올라간다. 누나가 무서운 영화를 보고 있는데 그 소리가 내 방까지 들린다.

이 다섯 가지 종류를 너도 확인해 봐. 너한테도 해당되니? 아이와 어른이 걱정할 때를 예상해 보면, 다음과 같아.

- 새롭거나 색다른 것을 할 때(특히 잘해야 할 때)
- 계획을 확신하지 못할 때(특히 확신해야 하는데)
- 사람들 앞에 나서야 할 때(특히 준비가 안 되어 있다고 느낄 때나 남에게 평가받을 거라고 생각할 때)
- '이러면 어쩌지?' 질문이 몰려들 때(특히 이 질문들에 답해야 할 때)
- 무섭거나 위험한 일이 일어날 때

여기서 흥미로운 점이 뭘까? 무서워하는 것의 목록이 나와 엘리엇은 완전히 다르다는 점이야! 엘리엇은 천둥이 치면 좋아해. 그래서 전기가 나가면 신이 나서 손전등과 초를 꺼내지. 게다가 좋아하는 아이스크림 맛이 열 개나 돼서 그게 다 떨어질까 봐 걱정할 일도 없어. 그런가 하면 나는 비행기 타기를 좋아해서 별로 겁내지 않아. 우리 둘 다 개학 날 걱정을 하는데, 알고 보니 그날은 거의 모든 아이들이 걱정을 하더라고. 그러니까 완전히 정상인 셈이지.

그럼 네가 익혀야 하는 내용을 다시 살펴보자. 내가 무슨 말을 할지 짐작이 가지?

첫째, 걱정을 예상하라. 그게 도움을 주거든.
- 걱정하는 건 정상이며 도움이 될 수 있다. 때로는 하던 행동을 멈추고 물러서는 것이 현명하다.
- 부모, 유전자, 위대한 상상력, 모든 것이 완벽하기를 바라는 태도 등이 걱정을 악화시킬 수 있다.

둘째, 걱정을 예상하라. 다시 강조하는 거야. 걱정은 다음과 같을 때 나타나.
- 새롭거나 색다른 것을 할 때
- 계획을 확신하지 못할 때

- 사람들 앞에 나서야 할 때
- '이러면 어쩌지?' 질문이 몰려들 때
- 무서운 일이 일어날 때

걱정이 왜, 그리고 언제 일어나는지를 이해했으면, 넌 이제 걱정에 익숙하기만 한 것이 아니라 걱정을 이해하게 된 거야. 그럼 또 다시 새로운 질문들이 생기지.

- 새롭거나 색다른 일을 할 때 왜 걱정이 생길까?
- 계획을 확신하지 못하면 왜 걱정이 생길까?
- 사람들 앞에 나서야 할 때 걱정이 생기는 이유가 뭘까?
- '이러면 어쩌지?' 질문이 몰려드는 건 왜일까?
- 무서운 일이 생길 때 걱정하는 게 무슨 쓸모가 있을까?

이 모든 질문에 대한 답을 줄게. 두구두구 기대하시라! 걱정은 자기가 우리를 돕는다고 생각해. 그래서 우리한테 이렇게 주의를 주는 거야.

"이러다 문제가 생길지도 몰라! 문제가 생기면 넌 그걸 바로잡아야 해!"

갑자기 걱정을 느끼는 건 잘못된 게 아니야. 걱정을 전혀 하지 않는 아이는 아마도 아주 지루한 삶을 살게 될걸. 아이는 자라면서 새롭고 색다른 일을 경험하는데, 그때마다 의심하게 되어 있어. '내가 이걸 할 수 있을까? 이게 마음에 들까? 무슨 일이 일어날까?' 새롭고 색다른 일을 하는데 어떤 일이 일어날지 미리 알 수 없지. 계획대로 되지도 않을 거야. 아니면 계획 자체가 없을 수도 있고. 그래서 걱정이 "자, 준비해야지." 하고 미리 말해 주는 거야. 걱정은 우리가 새로운 탐험을 하고 있다는 것을 알려 주는 신호이기도 해.

다시 말하지만, 종종 걱정이 도움이 될 때가 있어. 우리가 무엇을 해야 할지 시간을 들여 알아내야 할 때, 우리를 진정시키거나 물러서게 만드니까. 이를테면, 자전거 헬멧을 쓰도록 해서 안전하게 해 주는 게 그래.

그리고 도움이 되지 않을 때가 있어. 예를 들면, 어느 날 너의 발이 네가 가장 좋아하는 신발보다 커지면 어쩌나 하는 걱정을 할 때가 그렇지.

하지만 걱정은 자기가 언제나 도움이 된다고 생각해. 도움이 안 될 때도 말이야. 그래서 우리가 할 일은 걱정에 언제 귀를 기울이고 언제 무시할지를 정하는 거야. 걱정이 우리를 지배하도록 멍하니 보고만 있을 수는 없어. 걱정이 우리의 결정을 지배하게 내버려 두면, 우리는 늘 뒤로 물러서기만 할 거야. 그러면 우리의 삶은 너무나 작아지고 지루해지겠지.

걱정이 너의 삶을 지배하고 있니? 그렇다면 세 가지 문제가 있을 거야. 나도 그것들을 경험했거든. 첫째, 문제를 어떻게 바로잡을지 알아내는 대신 계속 걱정만 한다. 둘째, 계속 걱정만 하다 보면 작은 문제가 엄청나게 큰 문제로 느껴지고, 엄청나게 큰 문제가 생겼다고 생각하면, 뒷걸음치게 된다. 적어도 나는 그랬어. 셋째, 걱정이 마구 밀려들 때가 있다. 다시 말해, 도움이 되는 걱정이 '종종' 생기는 게 아니라, 도움이 안 되는 걱정이 '마구' 밀려들 때가 있다는 말이야. 내 친구 제인(사실 어른이야)이 이걸 잘 표현했어. 제인은 자신의 걱정을 소금, 햇살, 아이스크림에 비유했어.

"케이시, 난 감자튀김에 소금을 뿌려 먹는 거, 얼굴에 햇살을 쬐는 거, 아이스크림 먹는 걸 좋아해. 하지만 너무 과하면 안 좋아."

## 다음 이야기

어때, 걱정을 많이 이해하게 됐지? 더는 걱정거리를 뉴스 속보로 생각하지 않아도 돼. 이제 예상할 수 있으니까. 놀랄 일이 아닌 것에 괜히 놀라는 일도 없겠지. 이미 경험해 봤으니까. 넌 앞으로도 걱정이 나타나리라는 사실을 이해한 거야. 여름이 오면 더위가 찾아오고, 밤이 되면 밝은 달이 뜨는 것처럼 말이야. 걱정이 널 지배하게 놔두면, 네 삶은 재미없어지고 네 세상은 작아진다는 것도 잊지 마.

다음에는, 네가 도움이 안 되는 걱정에 시달리기 전에 이런 문제들을 해결하는 방법을 알아볼 거야. 그리고 엄청나게 큰 문제와 지나치게 큰 걱정을 네가 다룰 수 있는 크기로 되돌리는 방법에 관해 이야기할 거야. 기대해.

-------------------------------------------------------------------

# 다람쥐와 이야기하기

## 걱정도 달래야 한다

5학년 때 트레버라는 아이가 있었는데, 그 녀석은 점심시간마다 새치기를 했어. 휘파람이나 콧노래를 부르며 걸어가서는 1학년 꼬마의 앞자리로 슬며시 끼어들곤 했지. 우리는 녀석이 뭘 할지 다 알고 있었어. 예상을 한 거지. 녀석이 휘파람을 부르며 앞으로 가서 발을 살짝 들이밀면 우리는 기다렸다는 듯이 소리를 질렀어.

"트레버, 새치기하지 마!"

녀석이 새치기하리라는 걸 예상하는 것만으로는 부족했어. 그걸 알고만 있을 수는 없었지. 우리는 행동해야 했어. 트레버를 제자리로 돌려보내고 1학년 꼬마를 감싸 줘야 했단 말이야.

걱정을 조절하기 위해 너와 내가 하려는 행동이 바로 그런 거야. 걱정을 예상하기는 시작일 뿐이야. 걱정이 생겼을 때 뭘 해야 하는지를 배워야 해. 이제 걱정을 제자리로 돌려보낼 시간이야. 명심해, 걱정은 자기가 우리를 돌본다고 믿기 때문에, 새로운 것을 하려는 우리의 생각을 계속 방해할 거야. 걱정이 덩치 큰 상급생처럼 커져서 널 쥐고 흔들며 매사에 끼어들고 있지는 않니? 걱정이 널 지배하면 너와 너희 가족에게 엄청난 영향력을 행사하게 돼. 식구들에게 가서 한번 물어보고 와. 난 기다리고 있을 테니.

언젠가 어떤 부모님이 이렇게 말하는 걸 들었어. "거참, 내 아들이 겁보라니!" 예전에는 우리 엄마도 날 그렇게 여겼을 것 같아. 걱정하는 데 시간을 너무 많이 빼앗겨서 걱정하기가 마치 내 직업 같았으니까. 맨날 망설이고, 피하고, 안 한다고 하고, 겁에 질리기만 했지. 하지만 이젠 알아. 걱정은 나의 전부가 아니라, 조절할 수 있는 나의 일부일 뿐이라는 걸.

너도 나와 마찬가지야. 걱정은 너의 전부가 아니야. 하지만 지금 당장은 걱정이 아주 크게 느껴지겠지. 사람들이 널 겁보라고 부르는 까닭은 걱정이 네 결정을 좌우하는 듯한 모습 때문이야. 그 모습을 보면서 사람들은, 심지어 너조차도 걱정의 힘과 크기가 네 눈동자 색깔이나 태어날 때부터 네 왼쪽 무릎에 있는 점처럼 절대 변하는 않는 것이라고 믿기 시작하지.

나도 그 기분을 잘 알아. 벌써 백만 번쯤 얘기한 것 같은데, 어렸을 때 내 걱정은 어마어마하게 크고 너무하다 싶을 만큼 날 쥐고 흔드는 녀석이었어. 그래서 난 어쩔 줄을 몰랐지. 내 걱정이 새치기를 했다면, 난 깜짝 놀라서 얼른 앞자리를 내줬을 거야. 그냥 넋 놓고 당했을 거라고.

병원 대기실에서 그 여자아이를 만나기 전까지는 말이야.


## 내 어깨 위의 생쥐

내가 걱정을 다루는 법을 막 배우기 시작하던 무렵의 일이야. 녹색 드레스에 토한 지 얼마 안 지났을 때지. 엄마가 엘리엇을 데리고 병원 진료실로 들어간 후, 난 대기실에서 기다리는 중이었어. 혼자 앉아 있는데, 맞은편에 내 또래의 여자아이가 발장난을 치고 있더라고. 그래서 내가 말을 걸었지. 난 걱정은 많아도 수줍음은 없거든.

"난 병원이 너무 싫어. 곧 주사 맞을 건데 엄청 아프겠지."

여자아이가 대답했어.

"나도 싫어. 나도 주사 맞을 거라서 내 걱정이 아주 난리야. 하지만 적당히 구슬리는 중이지."

난 머릿속으로 혼잣말을 했어. '뭐라고? 걱정이 난리라고?' 그러고 나서 큰 소리로 되물었지.

"뭐라고? 네 걱정이 난리라고?"

그 애가 대답했어.

"그래. 누구나 걱정을 하잖아. 내 걱정은 진료실에만 오면 꼭 나타난다니까. 그래서 이제는 예상할 수 있지. 하지만 걱정을 나무랄 수는 없어. 주사 맞으면 아프니까. 난 주사를 견뎌 낼 수 있어. 그런데 전에는 참지 못하고 주사를 안 맞았어! 내 걱정이 나한테 죽어라 도망치라고 말했거든. 난 울음을 터뜨렸고, 토할 것 같았지. 정말 끔찍했어."

어디서 많이 듣던 소리 같았어. 난 손으로 턱을 괴고 팔꿈치를 무릎에 올린 채 몸을 앞으로 기울이며 "그래서?" 하고 물었지.

"지금은 내 걱정을 생쥐로 상상하고 있어. 어깨 위에 올라탄 생쥐 말이야. 내 귀에다 끊임없이 똑같은 말을 해 대지. 주사가 얼마나 아프고 끔찍한지 아느냐고. 난 듣기는 하지만 놀라지는 않아. 그건 뉴스 속보가 아니거든. 지금도 살짝 긴장이 돼. 몸이 조금 떨리고 심장 박동도 약간 빨라졌어. 하지만 그 정도는 조절할 수 있어. 내 생쥐는 그저 말할 뿐이고, 난 그저 들을 뿐이야. 어느 누가 주사 맞는 걸 좋아하겠어? 하지만 전에 맞아 본 경험이 있잖아. 그러니까 '긴장되겠지만 조금만 있으면 끝날 거야.'라고 나 자신과 걱정한테 말하는 거야."

이건 나한테 새로운 소식이었어. 걱정이 하는 얘기를 믿을 필요가 없었던 건가? 난 걱정이 하는 말을 들을 수 있었고, 불안을 느끼

기도 했지만, 걱정을 탓하진 않는데? 진료실에 들어가기 전까지 우리는 몇 분 더 이야기를 나눴어. 바로 그 자리에서 난 그 아이의 기술을 연습했지. 긴장되고 몸이 떨렸지만 의자에 앉아서 걱정을 구슬렸어. 걱정이 내 귀에다 온갖 소리를 지껄였지만 말이야! 걱정이 하는 말이 들릴 때마다 이런 말로 날 안심시켰어.

"걱정이 늘 하는 얘기잖아."

난 그렇게 주사를 견뎌 냈어. 전과는 다른 방식으로 대응한 거지. 아주 멋진 출발이었어. 재밌지는 않았고, 솔직히 말하면 쉽지도 않았어. 하지만 소리를 지르지도, 겁에 질리지도, 도망치지도 않았어. 사실 그렇게 난리 치는 것보다 이야기하는 게 더 쉬운 방법이지.

걱정과
이야기해라

"야! 이게 바로 퍼즐의 또 다른 조각이구나!"

이 모든 것을 알아냈을 때 나 자신에게 했던 말이야. 이제는 이 말을 너에게 해 줄게. 퍼즐의 또 다른 조각은 '걱정과 이야기해라.'야.


## 다람쥐와의 수다

내가 어떻게 했을 것 같아? 먼저 걱정을 외면화했어. 외면화가 뭔지도 모르면서 말이야. 전문가 선생님한테 배운 단어인데, 나의 내면에서 걱정하는 목소리를 상상을 통해 밖으로 드러내는 거야. 병원에서 만난 여자아이는 걱정을 어깨 위에 앉아 있는 생쥐로 외면화했고, 난 그날 그 아이의 생쥐를 빌렸던 거야.

하지만 난 내 걱정을 다람쥐로 상상하기로 했어. 다람쥐랑 친하니? 특히 신경질 나게 혹은 짜증 나게 하는 다람쥐 말이야. 그것도 아니면 주의를 끌려고 애쓰는…. 다람쥐는 끊임없이 재잘거려. 게다가 누가 건드릴 수 없게 아주 높은 가지 위에서 떠드는 탓에 입을 다물게 할 수도 없어. 다람쥐는 내 걱정과 똑 닮았지. 내 걱정은, 그러니까 내 다람쥐는 내가 짜증 낼 때까지 계속해서 떠들어 대. 걱정을 다람쥐로 상상한 뒤로 뭐가 달라졌을까? 이제는 녀석한테 귀를 기울이지 않아도 돼.

난 몇 년 동안 걱정을 여러 가지 모습으로 상상했어. 수다쟁이 다람쥐로 상상한 적도 있고, 익지 않은 스파게티처럼 뻣뻣한 고집쟁이로 상상한 적도 있지. 한 아이와 얘기한 적이 있는데, 걔는 걱정을 말을 하는 어마어마하게 큰 풍선껌으로 생각했대.

너의 걱정을 네 방식대로 상상해 봐. 어떤 모습이건, 어떤 목소리건 다 좋아. 상상을 통해 걱정을 네 바깥으로 드러내기만 하면 돼. 그 강렬한 생각과 감정을 잠시만 너에게서 떼어 내, 걱정과 거리를 두는 거야. 박물관 벽 하나를 가득 채우는 큰 그림을 제대로 보려면, 몇 걸음 뒤로 물러서야 하는 것과 비슷해. 학교에서 과학 과제를 하다가 잠시 쉬는 사이에 좋은 아이디어가 떠오르는 것과도 비슷하고.

엄마는 최근에 이 기술을 배운 뒤로 지나치게 바쁘고 스트레스를 많이 받는 상황을 피할 수 있게 됐어. 엄마는 학교 자원봉사나 친구의 아이를 돌봐 주는 일 같은 부탁을 받으면, 마음속에서 '알았다고 해야지. 내 도움이 필요하다는데.'라고 속삭이는 목소리를 듣는대. 그럴 때, 그 목소리로부터 한 걸음 물러나 거리를 두고 생각해 본 다음 결정을 내리는 거야. 성급하게 대답해서 너무 많은 약속에 얽매이고 싶지는 않으니까. 그러고 나서야 엄마는 이렇게 말해. "생각해 볼게요. 먼저 제 일정을 확인해 봐야겠어요. 제가 다시 연락드릴게요." 우리 엄마는 외면화의 달인이야.

그전에는 엄마가 "제가 다시 연락드릴게요."라고 대답하는 걸 들은 적이 없었어. 그래서 엄마가 그렇게 말하는 모습을 유심히 지켜봤지. 그리고 걱정 조절하기를 배우는 학생으로서 그 방법을 나도 어떻게 하면 사용할 수 있을지 궁리했어. 엄마가 학교 자원봉사 팀장에게 말한 방식을 내가 걱정과 이야기할 때 사용할 수는 없을까? 얼마나 멋진 생각이니. 때마침 기회가 찾아왔어. 걱정에 휘말리지 않고 걱정을 바깥으로 끌어내 직접 이야기할 기회가 찾아온 거야.

몇 주 뒤의 수학 시험을 준비하는 중에 걱정이 나타났어. 연습 문제 몇 개가 어려워서 좌절하고 있었거든. 게다가 시험을 봐야 한다는 생각에 긴장해서 목 근육이 뻣뻣해졌어. 아이들 대부분이 그럴 거야. 심장 박동이 빨라지고 눈물이 솟았지. 연필을 던져 버리거나 반으로 분질러 버리고 싶었어.

그렇게 혼란스러운 가운데 걱정이 시끄럽게 떠들어 대는 걸 느꼈어. 물론 놀라진 않았어.

　"정말로 이걸 풀 수 있다고 생각하니? 시간이 부족하면 어쩌려고? 못 풀면 어쩔 건데? 이게 시험에 나올까? 이걸 뭐 하러 해?"

　난 연필을 집어던지는 대신 내려놓고, 의자에 등을 기댔어. 그리고 큰 소리로 말했지.

　**"음, 걱정아, 잠깐만 쉬고 다시 얘기하자."**

　난 일어나서 주방으로 갔어. 초콜릿 바른 건포도를 열네 개나 먹고 나서 고양이를 쓰다듬었지. 걱정을 다람쥐라고 상상하면서 녀석이 발을 꼼지락거리고 있다고 생각했어. 그 다람쥐에게 말했어. 이번엔 머릿속에서만 말했어. 엘리엇이 친구와 함께 주방에 있었으니까. '걱정아, 난 이 수학 문제를 풀 수 있어. 오늘 내가 해야 할 건 복습이야. 시간은 많아. 그리고 어찌 되었건 넌 도움이 안 돼. 이제 난 널 무시할 거야.'

　근육이 좀 풀어졌고, 울고 싶던 기분도 잦아들었어. 여전히 수학 공부를 할 기분이 나진 않았지만, 그건 평소에도 그러니까 별일 아니었지. 다시 수학 책을 펴고 어려운 문제 하나를 풀었어. 그런 다음 계속 문제를 풀었지. 재미있었냐고? 전혀. 할 만했냐고? 물론.

　공부하는 동안 걱정이 주위를 맴돌았어. 조용할 때도 있었고, 시끄러울 때도 있었지. 그날 오후에만 예닐곱 번은 걱정과 이야기했는데, 하면 할수록 이야기하기가 쉬워졌어. 그리고 대화도 짧아졌지. 걱정이 "우아, 진짜 어려운 문제네. 못 풀면…."이란 말을 꺼내기 무섭게 난 걱정의 말을 중간에 잘랐어.

"또 그 얘기니? 거기 있는 건 아는데, 내가 좀 바빠서."

시간이 좀 지나자 마음과 몸이 진정됐어. 근육이 부드러워지고, 눈물도 안 나고, 연필을 집어던지지도 않았지. 한숨을 여러 번 쉬고, 이마를 책상에 몇 차례 댔어. 생각과 감정과 근육이 뻣뻣해지고 눈물이 나는 공황 상태에 빠지는 것 같으면, 일어나서 몇 분씩 휴식을 취했어. 그러면서 초콜릿 바른 건포도를 먹어 치웠지. 그런 다음 다시 걱정하고 이야기했어.

그러다가 한번은 이 성질 돋우는 수다쟁이 다람쥐 때문에 너무 짜증이 났어. 그래서 말했지.

"좀 꺼져 줄래!"

여기서 폭탄선언을 할 거야. 더 읽기 전에 알아 둬야 할 내용이야.

"폭탄선언! 걱정과 이야기하는 방식은 사람마다 다 달라!"

너 지금 이렇게 말했지? "그게 다야? 폭탄선언이라면서?" 그래, 이게 다야. 아이들은 저마다 다른 방식으로 걱정과 이야기한다는 거지. 그리고 어떤 아이들은 상황에 따라 이야기 방식을 바꿔. 너의 걱정에게 말하는 방식은 네가 정해야 해.

이 책을 쓰는 동안 난 여러 아이들과 이야기를 나눴어. 다른 아이들은 걱정을 어떻게 조절하는지 알고 싶었으니까. 그 아이들의 방식도 대체로 나와 비슷했지만 조금씩 차이가 있었어. 리사 이모의 요리법을 예로 들면 이해가 될 거야. 이모는 칠리 요리나 애플파이, 초콜릿 케이크를 만들 때 이런저런 재료를 더하거나 맛이 확 달라지게 하는 비법 재료를 넣어. 리사 이모의 요리가 맛있는 이유는 무엇보다 기존의 요리법을 먹는 사람의 입맛에 맞게 바꾸기 때문이야. 고기를 못 먹는 사람이 있으면 고기를 뺀 칠리 요리를, 호두를 좋아하는 사람이 있으면 호두가 들어간 초콜릿 케이크를 만들지. 심지어 식초를 넣은 초콜릿 케이크도 만들 줄 알아. 그래, 식초. 끝내주게 맛있어.

걱정에 어떻게 대응하고 걱정에게 어떤 말을 하는지 알려 준 아이들은 리사 이모만큼이나 창의력과 적응력이 넘쳤어. 어떤 아이는 걱정을 친절하게 대한 반면, 어떤 아이는 무심하게 대했지. 난 수학 시험을 준비할 때 걱정으로부터 한 걸음 물러서서 차분하게 이야기했어. 하지만 걱정이 짜증 나게 할 때는 나도 퉁명스럽게 대했지. 전에 말했던 융통성을 발휘했던 거야.

심지어 어떤 아이는 위험을 무릅쓸 일이 생기면, 걱정에게 같이 가자고 하기도 했어. 걱정이 자신을 안전하게 지켜 줄 테니까. 가령, 학교에서 집까지 스케이트보드를 타고 갈 때, 걱정은 인도에 금이 간 부분을 조심하라고 일깨워 주겠지.

## 걱정 토끼야, 네가 할 일을 하고 있다는 걸 알아

내 친구 케이트 이야기를 해 줄게. 케이트는 몇 년 전부터 잠자리에 들 때 걱정을 하게 됐어. 부모님이 케이트 방의 불을 끄고 나가는데 갑자기 무시무시한 걱정이 들이닥친 거야. 케이트의 걱정은 벽장에 누군가가 있다고 말했어. 그래서 불을 켜고 벽장을 거듭 확인했지만 걱정은 계속 같은 말을 했지. 케이트는 누군가 집에 침입해서 자신을 납치하거나 가족을 죽일 거라는 걱정에 휩싸였어. 그런 뉴스를 본 적이 있었으니까. 케이트는 안전한 동네에 살았고 집에는 경보기도 있었어. 하지만 소용이 없었지. 매일 밤 케이트의 잠자리에 걱정이 찾아와 같은 말을 했어.

얼마 지나지 않아 케이트는 잠자리에 들기 한참 전부터 걱정하기 시작했어. 잠자리에서 고통받는 장면이 생생히 떠올라서 저녁 식사가 끝날 무렵엔 속이 답답하고 몸이 떨렸어. 어떤 때는 저녁을 먹을 수조차 없었지. 케이트의 부모님은 몹시 당황했어. 어떤 것도 도움이 되지 않는 듯 보였지. 케이트가 벽장을 확인하고 방을 들락거리는 소리가 들리면 할 수 없이 엄마나 아빠가 케이트 옆에 있어 줬어. 그래야 케이트는 잠들 수 있었어.

부모님은 케이트가 상담 전문가 엘즈버리 선생님을 만나도록 했어. 엘즈버리 선생님이 걱정을 조절하는 방법을 알 거라 기대한 거지. 선생님은 내가 배운 내용을 케이트에게 알려 줬어. 걱정은 보통 같은 말을 반복하기 때문에, 그 말에 매일 밤 놀란다면 걱정은 점점 더 심해지고 강해질 거라는 내용 말이야. 그리고 걱정의 속셈을 알고 있다는 사실을 걱정에게 말해야 하고, 스스로 걱정을 조절하는 방법을 알아내야 한다고 조언했어.

선생님과 케이트는 함께 계획을 세우고 연습했어. 그리고 케이트는 자신만의 방법을 생각해 냈지. 저녁 식사를 하다가 걱정이 나타났을 때, 케이트는 준비하고 있던 말을 했어.

"야, 난 네가 정말 싫어! 저리 가! 날 내버려 둬!"

그런데 흥미롭게도 막상 그렇게 해 보니, 준비했던 계획이 케이트에게는 잘 맞지 않았나 봐.

케이트는 걱정을 겁먹은 토끼로 외면화했어. 큰 갈색 눈에 코를 신경질적으로 씰룩거리는 토끼로 말이야. 토끼가 경고를 하면서 자신을 보호하려 한다고 생각했지. 그런데 케이트는 걱정한테 이래라저래라 하며 못되게 굴고 싶지 않았어. 자신의 성격에 맞지 않는다고 느꼈지. 대신 이렇게 말했어.

"나는 네가 할 일을 하고 있다는 걸 알아. 내가 정말로 위험에 처했다면, 넌 경고를 해 줄 거야. 그건 확실해. 하지만 넌 내가 안전한 집에 살고 있는데도 겁을 주고 있어. 내가 조심스럽게 확인을 한 뒤에도, 벽장에 누가 숨어 있다고 말할 때도 있지. 잠자리에 들었을 때 네가 나타나면, 나는 그때 괜찮을 거라고 말해 줄 거야. 나는 잠자리에 들 수 있어."

엘즈버리 선생님은 이 방법을 듣고 감탄했어.

"걱정을 예상하고 조절하게 됐구나. 걱정이 나타나게 내버려 둬도 괜찮다니 정말 멋진데, 케이트."

학교 상담 선생님들은 "멋지다."라는 말을 자주 하는 것 같아. 어쨌거나 케이트는 걱정이 하는 소리를 듣는 일에 자신이 얼마나 빠져 있었는지, 걱정이 얼마나 자주 나타나는지를 깨달았어. 그래서 대응 방법을 바꿨지. 며칠 밤은 잠자리에서 계속 걱정을 느꼈어. 불을 끄면 걱정 토끼가 벽장을 확인하고 부모님을 부르라고 난리였어. 케이트가 이걸 어떻게 극복했을까? 케이트는 더는 그런 걱정거리에 자신이 놀라지 않도록 했어. 한 발 물러서서 걱정에게 이야기했지. 몇 주 동안 연습하고 나자 이렇게 간단히 이야기하는 거로도 충분했어.

"난 안전해. 이제 잘 거야."

가끔은 걱정 토끼에게 이불을 폭 덮어 주고 밤새 안전하게 지켜 주는 상상을 하기도 했대.


## 야구장 밖으로 파리 쫓아내기

내 동생 엘리엇은 야구 연습 도중에 걱정을 하기 시작했어. 그때 난 엘리엇에게 케이트 얘기를 해 줬지.

"케이트처럼 걱정을 작은 토끼라고 생각해 봐. 연습 때 걱정이 나타나면 괜찮다고, 다 안다고 말하는 거야."

엘리엇은 날 쏘아보며 말했어.

"미쳤어?"

그러고는 야구 방망이를 끌면서 나가 버렸지. 엘리엇은 케이트와는 다른 방식으로 걱정을 조절하게 됐어. 그 얘기를 해 줄게.

엘리엇은 야구를 좋아한 지 꽤 오래됐어. 여섯 살 때 처음 방망이를 휘둘러서 큰 나무를 넘기기도 했지. 스트라이크 아웃이나 볼넷은 없었고, 투수도 없었어. 그 후에는 코치님이 던져 주는 공을 쳤지. 코치님은 아이들이 공을 치는 법을 배울 수 있도록 공을 천천히 높게 던져 줬어. 이때까지는 아무 문제 없었어.

그러다가 지난봄에 아이들이 던지는 공을 치게 됐어. 스트라이크와 볼과 아웃이 있는 상태에서 다른 아이들이 직접 엘리엇에게 공을 던졌지. 아이들의 실력이 뛰어난 건 아니었지만 변화가 생길 수밖에 없었지.

연습을 몇 번 한 뒤에 엘리엇은 엄마한테 야구를 그만두겠다고 했어. 엄마가 물었어.

"넌 야구를 좋아하잖아. 무슨 일이 있었니?"

엘리엇은 몇 차례 "아무것도 아니에요."라고 말했지만, 엄마는 그 말을 곧이듣지 않았어. 아니나 다를까, 엘리엇은 공에 맞을까 봐 겁이 난다고 털어놓았어. 이미 텔레비전을 통해 프로야구 선수가 공에 맞는 장면을 본 적이 있고, 자기네 팀 아이들 두 명이 맞는 광경도 직접 봤나 봐. 공에 맞으면 아프지. 피가 날 수도 있어. 엘리엇은 겁이 나서 투수가 던진 공이 몸 쪽으로 올 때마다 뒤로 물러났어. 그래서 방망이를 제대로 휘두르지도 못했던 거야. 이런 상황에서 내가 케이트처럼 걱정을 토끼로 생각해 보라고 했으니, 엘리엇이 나한테 미쳤느냐고 하면서 가 버릴 만도 하지.

엄마는 그때쯤 걱정 다루기 전문가가 다 되어 있던 터라 얼른 엘리엇의 방으로 쫓아갔어. 나도 가서 대화를 엿들었어(내가 원래 호기심이 많잖아. 그래서 이렇게 널 도울 수도 있는 거야). 엘리엇은 팔짱을 낀 채로 얼굴을 찌푸리고 있었어. 화가 나서 발을 쿵쿵 굴렀지. 다시 입을 열었을 때는 팔을 아래로 쭉 펴고 주먹을 꽉 쥐고 있었어. 얼굴이 시뻘게졌는데 부끄러워서가 아니었어.

"난 야구가 아주 좋아. 그런데 걱정이 돼서 재미가 하나도 없어!"

엘리엇은 경쟁심도 많아. 그런데 걱정 때문에 자신이 형편없는 타자가 되었다고 생각했어. 공을 쳐서 경기에서 이기고 재미를 느끼기를 바라는데, 걱정이 이것들을 방해하고 있다는 거야. 이런 상황에서 어찌할 바를 모르겠으니까 야구를 그만두겠다고 한 거지.

엄마는 엘리엇이 걱정을 표현하도록 도왔어. 엘리엇은 걱정을

자신이 타석에 들어설 때마다 머리 위에서 윙윙대는 거대한 파리
로 상상했어. 그 파리가 이렇게 말하는 거야.

"공에 맞으면 어떡해? 엄청 아플 거야! 코피가 나면 어쩔 건데?
뒤로 물러나. 넌 스트라이크 아웃을 당할 거야!"

멍들고 혹이 나도 참을 수 있을 만큼 엘리엇이 야구를 사랑했
을까? 물론. 그렇기 때문에 엘리엇은 걱정에 단호하게 대처하기로
했어.

"난 공에 맞고 싶지 않아. 하지만 난 견딜 수 있어. 그리고 경기
할 때는 걱정 말고 다른 것에 집중해야 해."

엘리엇은 걱정에게 대답할 말을 생각해 냈어.

"야, 네가 내 야구를 망치는 데 질려 버렸어. 너한테 정신이 팔리면 공에 맞고 말 거야! 난 공을 치는 데 집중할 거야. 날아오는 공을 걱정 파리라고 생각하고 야구장 너머로 날려 버릴 테야."

엘리엇이 걱정에 단호히 대처하는 데는 아무런 문제도 없었어. 짜증이 나서 아주 질려 있었으니까. 걱정에서 벗어나면서 공을 치는 데 다시 집중할 수 있었어. 엘리엇은 야구에 자신이 싫어하는 부분이 있지만, 그걸 조절할 수 있다는 점을 이해했어. 공에 맞을 때가 있을 테고, 그러면 아프겠지. 코피가 날 수도 있어. 한번은 같은 팀 친구가 공에 맞아서 몇 분 동안 얼음찜질을 해야 했지만, 금방 괜찮아졌지. 몸 쪽으로 공이 바싹 붙을 때도 있지만, 웬만하면 피할 수 있어.

케이트와 엘리엇이 걱정에게 이야기하는 방식은 아주 달랐어. 말하자면, 익은 스파게티 면이라도 유연한 정도가 달랐다는 거지. 이건 정말 멋진 일이야! 그리고 방식은 달랐을지 몰라도, 둘 다 나한테 배운 같은 기술을 사용한 거야.

지금까지 배운 걱정 대처법을 요약해 보자. 첫째, 걱정하게 된다는 것을 받아들여라. 다시 말해, 걱정을 예상해라. 걱정하는 건 정상이고, 누구나 걱정거리가 있어. 이것이 4장에서 배운 내용이지. 지금은 걱정에게 어떻게 말을 할 것인가에 대해 이야기하고 있어.

그리고 네가 걱정을 조절할 수 있다는 것을 알려 주고 있지. 걱정은 대장이 아니야.

케이트는 걱정에게 부드럽게 이야기를 건넸어.

"안녕, 걱정아. 또 너구나. 네가 나타나리라고 생각하고 있었어."

걱정이 나타나는 걸 허락하면서 그 점을 잘 이해하고 조절했지. 워터파크에서 나도 비슷한 방식으로 말한 거야. 엘리엇은 걱정에게 단호하게 말했어. 걱정이 없어지기를 바라면서 걱정의 말에 다시는 귀 기울이지 않으려 했지. 그리고 두 방식 모두 효과가 있었어.

**✳ 아이들이 걱정에게 이야기하는 다양한 방식 ✳**

| | |
|---|---|
| 걱정<br>예상하기 | - 네가 도움을 주려 하는 걸 알아.<br>- 네가 언제 나타나는지 아니까 놀라지 않을 거야.<br>- 걱정은 새로운 것을 배울 때면 늘 나타나지. 이런 느낌이<br>  드는 건 당연해. |
| 걱정<br>조절하기 | - 긴장감이 들지만 곧 사라질 거야.<br>- 괜찮아. 잘될 거야.<br>- 괜찮아. 어떤 일이 일어나도 난 견딜 수 있어.<br>- 겁에 질리긴 했지만 난 안전해. |
| 걱정<br>지배하기 | - 걱정아, 그건 나중에 얘기하자.<br>- 넌 도움이 안 돼. 널 무시할 거야.<br>- 너, 거기 있구나. 근데 내가 좀 바빠서.<br>- 그만해! 더는 날 겁주지 말라고!<br>- 너 때문에 재미가 없어. 난 너한테 질렸어. |

아, 정말 중요한 점을 말해 줄게. 너에게 걱정과 이야기하는 방법을 가르치는 건 걱정을 사라지게 하기 위해서가 아니야. 미안, 걱정은 사라지지 않아. 전에 이야기했듯이, 걱정은 있다 없다 하는 거야. 없어졌다가도 잠시 뒤에 다시 나타나지. 명심해. 걱정을 예상해야 한다는 걸. 걱정을 없앨 방법은 없어. 그리고 걱정을 없앨 필요도 없어. 걱정은 조절해야 하는 거야.

 다음 이야기

---

좋아. 지금까지 꽤 많은 걸 이야기했어. 다음 단계에서 내가 가르쳐 줄 것은 완전히 새로운 방식으로 걱정을 조절하는 방법이야. 불안을 이용하는 방법이지. 네가 불안에 대해 다 안다고 생각하니? 불안한 느낌을 전문가 수준으로 안다고 생각해? 사실은 네가 모르는 게 많이 있어. 정말이야. 그럼 설명해 줄게. 아차, 이번 장은 이미 너무 길어졌으니까 다음 장에서 가르쳐 줄게.

---

# 마음의 키 키우기

## *도전과 불안은 한 몸이다*

자, 이제 걱정이 하는 말을 엿들을 수 있다는 걸 이해하겠지? 그리고 마음속으로 걱정과 이야기할 수 있다는 것도 알겠지? 걱정과 이야기하는 방식이 다양하다는 점도 이해했을 거야.

걱정에 대응하는 방식을 두어 가지 정도 시험해 봐. 그러면 어떨 때는 걱정을 부드럽게 무시해도 된다는 걸 알게 될 거야. 그리고 필요하다면 걱정을 거칠게 밀쳐 버릴 수 있다는 것도…. 걱정을 조절할 줄 알면 걱정을 통제하게 될 수도 있어. 그러면 겁이 줄어들어서 새로운 것을 시도하기 수월해져.

시간과 노력을 들여서 걱정과 이야기하는 법을 익히고, 뉴스 속보라도 되는 듯이 걱정에 귀 기울일 게 아니라 심지어 도전해 보면, 걱정이 조용해진다는 걸 알게 될 거야. 걱정이 조용해진 다음에는 너 자신과 자유롭게 이야기할 수 있을 거야. 무엇을 하고 싶은지에 관해 자신과 이야기를 나누게 되는 거지. 자신과 대화하는 건 정말 흥미로운 일이야.

어른이 다른 어른을 방 안으로 정중하게 맞이하는 모습을 본 적 있니? 이를테면 면접 볼 때 말이야. 보통 이렇게 말해.

"안녕하세요. 만나서 반갑습니다. 들어와서 편하게 앉으세요."

만약에 네가 면접 보러 갔는데 내가 악수하면서 이렇게 말한다면 어떨 것 같아?

"안녕하세요. 면접 보는 동안 불안해하고 의심하시면 됩니다."

날 이상하게 생각하겠지. 아니, 괴상하다고 생각할 거야. 불안하게? 의심하면서? 그런 말을 도대체 누가 한다는 거야?

바로 나야. 그리고 내가 그런 말을 하는 데는 이유가 있어. 아주 그럴듯한 이유 두 가지가.

1. 새로운 영역으로 나아가려면 불안과 의심을 받아들여야 해. 새로운 영역으로 향해야 성장할 수 있거든(걱정은 멈추라고 할 거야. 앞으로 나아가는 걸 좋아하지 않으니까).

2. 불안과 의심을 받아들이고 조절하면, 네 안의 경보기가 재조정돼서 원하는 것을 할 수 있어(걱정은 경보기를 지나치게 자주 울리게 만들어).

이 부분은 내가 확실하게 설명하고 넘어가야 해. 그래서 난 이 부분을 쓰기 전에 충분히 휴식을 취하고 물을 많이 마셨어. 만일을 대비해 간식도 챙겨 놓았지. 이건 아주 중요한 내용이야.

우선 불안과 의심을 받아들이는 게 왜 중요한지를 설명할 거야. 그리고 새롭고 두려운 것을 해내려면 왜 기꺼이 그것들을 느껴야 하는지도. 이것이 이번 장의 내용이야. 그리고 다음 장에서는 경보기 재조정법을 알려 줄게. 다시 말해, 새로운 목소리를 사용해서 자신과 이야기하는 방법과, 일부러 의심과 불안 속으로 들어가서 승리하는 방법을 알려 줄 거야.

날 믿어. 내 말이 너한테 어떻게 들릴지 알아. 하지만 네가 무슨 생각을 하는지, 네 걱정이 어떻게 작동하는지도 알지. 나도 다 경험해 봤으니까.

자, 그럼 본격적으로 시작해 보자. 준비됐지? 먼저 불안을 기꺼이 받아들여야 해. 그래야 성장할 수 있어.


## 도움이 되지 않는 것

명심해. 우리는 이미, 걱정의 존재 이유가 널 보호하기 위해서라는 사실을 확인했어. 걱정이 네가 안전한지를 판단하는 방법은 딱 두 가지야.

- 마음이 편한가?
- 앞일을 확실히 아는가?

　걱정된다는 것은, 어떤 일이 네가 원하는 대로 될 수 있을 것인지 의심하고 있다는 거야. 그러면 긴장되고 마음이 흔들리지. 그렇게 불안해지면, 넌 이렇게 생각할 수도 있어. '마음을 진정시켜야 해! 당장!' 그리고 상황이 네 뜻대로 될지 알 수 없으면 이렇게 생각하지. '모든 것이 제대로 돌아갈 것인지 알아야 해.'

　틀렸어! 난 네가 왜 그렇게 생각하는지는 잘 알아. 하지만 그건 도움이 되지 않아! 나도 오래전에 그걸 경험해 봤어. 그런 생각은 도움이 안 돼. 왜냐면 모든 것이 어떻게 돌아갈지 확실히 알아야 한다고 생각하거나 언제나 마음이 편하기만을 원한다면, 새로운 것을 경험할 수 없기 때문이야.

　이건 엄청난 문제야. 왜냐면 네가 이 사실을 당장 깨닫든 아니든, 아이로서 넌 성장해야만 하기 때문이지. 신체적인 성장만을 말하는 게 아니야. 기술, 흥미, 지성의 측면에서도 성장해야 해. 우리는 모두 그렇게 성장하는 거야. 네가 어떻게 해서 계속 성장한다고 생각하니? 사람은 몇 년에 걸쳐 계속 새로운 것을 시험해 보면서 자라. 아기였을 때부터 내내 그런 과정을 거치지. 난 엘리엇이 걸음마를 시작하는 모습을 지켜봤어. 섰다가 뒤뚱거리다 쓰러지고, 섰다가 뒤뚱거리다 쓰러지고. 그러다가 첫걸음마를 떼는 거야. 7년이 지난 지금, 엘리엇은 야구를 해.

새로운 것을 할 때 넌 어떠니?

불편하고, 의심스럽고, 어색하고, 당황스럽고, 서툴고, 걱정되지. 원래 그런 거야. 어색한 느낌이 싫다고? 저런 느낌은 전부 다 싫다고? 그러면 넌 키는 크겠지만, 성장하지는 못할 거야.


## 시각장애인을 이끄는 시각장애인

스펜서 실버와 아서 프라이는 앞일을 알 수 없는 상황에서도 하던 일을 계속하면 얻는 것이 있다는 점을 확실히 알았던 사람들이야.

1970년 실버는 3M 회사 실험실에서 강력한 접착제를 만들기 위해 연구하고 있었어. 열심히 했지만 발명은 뜻대로 되지 않았지. 만들고 보니 기존의 것보다도 약한 접착제였어. 실버는 그것이 무슨 쓸모가 있을지 몰랐지만, 5년 동안 동료들에게 자신이 만든 접착제에 관해 떠들고 다녔어. 프라이도 그의 동료 가운데 하나였어. 프라이는 3M의 과학자로 일하기 훨씬 전인 어린 시절부터 손재주가 좋았고 늘 뭔가를 알고자 했어. 꼬마였을 때 버려진 목재로 손수 썰매를 만들었다고 해. 그랬던 그가 끈적임이 약한 접착제를 설명하는

실버의 회의에 참석한 거야.

당시 프라이는 교회 성가대에서 노래를 하면서 사소한 문제를 겪은 적이 있었어. 찬송가책에 종잇조각을 끼워서 표시를 해 놓았는데, 그게 빠져서 표시한 부분을 잃어버렸던 거지. 회의를 하다가 프라이는 묘안을 떠올렸어. '종이 책갈피에 실버가 만든 접착제를 바르면 어떨까? 안 떨어지고 제자리에 붙어 있을 것 같은데.' 그래서 접착제를 집으로 가져가 실험했지. 성공! 접착제를 바른 종잇조각은 찬송가책에 붙어서 떨어지지 않았어. 하지만 아직 더 중요한 실험이 남아 있었어. '종이를 떼 내도 책이 찢어지지 않을까?' 대성공!

책에 자국 하나 남지 않고 종잇조각이 쉽게 떨어졌어.

실버의 접착제를 프라이가 살짝 손본 뒤에 탄생한 것이 포스트 잇이야. 실버는 자신의 발명품을 어떻게 사용할 수 있을지 몰랐지만 계속 연구했어. 프라이 역시 책갈피가 떨어지는 문제를 어떻게 개선할지 몰랐지만 계속 연구했고. 그러니까 '앞일을 알 수 없는데 왜 계속 나아가야 하지?'라는 의문이 들면, 포스트잇을 떠올려 봐. 불확실한 영역으로 자신을 밀어 넣어 봐. 왜냐면 그게 네 삶에 새롭고 놀라운 일이 일어나게 할 유일한 방법이거든. 아무튼, 현재 스펜서 실버가 발명한 끈적임이 약한 접착제로 만든 포스트잇 제품은 이백 가지가 넘고, 천억 원이 넘는 돈을 벌어들이고 있어.

너 지금 이렇게 말하고 싶지?

"좋아, 새로운 걸 시도하는 건 가치 있는 일이지. 하지만 날 불안하게 만드는 일을 왜 해야 한다는 거야? 그건 분명히 어리석은 짓 같은데."

질문을 보아 하니, 넌 제정신인 사람이 왜 에베레스트에 올라가는지도 궁금해할 것 같네. 에베레스트는 세계에서 가장 높은 산으로 높이가 해발 8,848미터에 달해. 정상은 거의 일 년 내내 허리케인급 강풍이 불고 평균 온도가 영하 33도야. 공기 중 산소 농도는 해수면의 3분의 1에 불과해. 그래서 8,000미터 위로 올라가려면 산소 탱크가 있어야 해. 거기서는 식욕을 잃고 메스꺼움을 느끼다가

심하면 토할 수도 있어. 어지러움도 많이 느낄 거야. 그보다 낮은 곳에서도 두통을 느끼고 숨이 가쁠 수 있어.

에베레스트에 오를 몸 상태를 만들려면 일 년 동안 훈련해야 해. 정상에 도착하려면 70일 넘게 등반과 휴식을 반복해야 하지. 등반 중에 갑자기 매서운 눈보라가 몰아쳐 며칠 동안 그 속에 갇혀 지낼 수도 있어. 눈사태도 언제든 일어날 수 있고. 신체 일부가 공기에 노출되면 동상이 생겨서 피부에 영원히 사라지지 않는 흉터가 남을 수도 있어.

스펜서 실버와 아서 프라이처럼, 에릭 와이헨마이어도 앞일을 예측할 수 없을 때가 많았어. 게다가 신체장애가 무엇인지도 잘 알았지. 에릭은 20여 년 동안 그것을 견디고 또 견뎌 냈어.

2001년에 에릭은 에베레스트의 정상을 밟았어. 2008년에는 7대륙을 대표하는 7개의 최고봉 가운데 마지막 봉우리를 정복했어. 극심한 추위와 신체적 고통, 수면 부족, 눈보라, 눈사태의 위험을 견디고 얻은 결과였지. 7대륙 최고봉을 모두 오른 산악인은 백 명이 채 안 되는데 에릭이 그중의 한 명이 된 거야.

그게 다가 아니야. 2003년에는 시에라네바다 산맥 735킬로미터를 가로지르는 종합 스포츠 경주인 프라이멀퀘스트를 완주했어. 프라이멀퀘스트는 엿새에서 열흘 동안, 팀을 이뤄서 하루에 두 시간만 자면서 자전거를 타고, 달리기를 하고, 카약을 타는 경기야. 경기를 마칠 때가 되면 그동안 움직인 거리가 약 1만 8,000미터에 이르는데, 에베레스트 산 높이의 두 배와 맞먹어.

에릭은 대단한 체육인이야. 등반과 패러글라이딩과 스키 분야에서 모두 일류라고. 요세미티 국립 공원에 있는 약 1,000미터 높이의 바위산인 엘 카피탄의 암벽을 등반했고, 네팔의 히말라야 산맥에 있는 약 80미터 높이의 로사 폭포에서 빙벽 등반을 하기도 했어.

아차, 그런데 에릭은 열세 살 때 시력을 잃었어. 에베레스트를 오른 최초의 시각장애인이 바로 에릭이야.

에릭은 어떤 일이든 마다치 않고 몰입하는 사람이야. 그가 오랜 기간 피로와 고통, 긴장을 참아 내고 몇 주씩 씻지도 못하면서 배낭에 의지해 생활할 수 있었던 이유가 뭘까? 에릭은 역경을 내면의 힘으로 바꿀 수 있다는 것을 가르치는 데 평생을 바쳐 왔어. 가령, 티베트에 가서 시각장애인 학교의 학생들에게 등산과 암벽 등반을 가르치기도 했지. 티베트 청소년들을 이끌고 에베레스트 산을 6,500미터 높이까지 올랐는데, 이건 시각장애인 팀 중 최고 기록이야. 이들이 이룬 업적은 〈블라인드사이트〉라는 다큐멘터리로 제작됐어. 보는 사람도 용기가 생길 만큼 정말 멋진 영화니까 꼭 봐. 난 이 영화를 내 방에서 봤는데, 영화가 끝났을 때 펄쩍 뛰며 손뼉을 쳤어! 누가 그 모습을 보기라도 했으면 어리둥절했을 거야.

에릭은 시력을 잃었지만 놀라운 것을 볼 수 있어. 약하거나 무능하거나 부족하다는 꼬리표가 붙은 사람들이 보통 사람들의 상상을 뛰어넘는 일을 해내는 세상을 보는 거야. 세계를 누비며 강연을 하고, 멋진 책을 두 권이나 썼고, 영화를 한 편 만들어 영화제에서 수상도 했어. 에릭이 이 모든 일을 한 이유는 사람들이 매일매일 열심히 노력해서 자신의 꿈에 다가가기를 바라서야.

## 몰라야 성장한다

이번엔 조언을 하나 해 줄 건데, 엉뚱한 소리로 들릴지 몰라. 아니, 헛소리로 들리겠지. 하지만 엄마와 내가 알아내서 직접 시험해 본 방법이야. 엘리엇에게 가르치고 몇몇 친구들에게도 해 보게 했어. 심지어 친척에게도 가르쳤지. 효과가 있어. 실버와 프라이, 에릭이 그랬던 것처럼, 뭔가를 해낸 사람들이 다 효과를 본 방법이야.

그 방법은 다음과 같아.

• "난 모든 일이 잘되리라는 것을 알아야만 해."라고 말하는 대신, "난 앞일이 어떻게 될지 모르기를 원해."라고 말한다.
• "난 마음이 편해야 해."라고 말하는 대신, "난 마음이 불안하기를 원해."라고 말한다.

앞일을 모르기를 원하고, 마음이 불안하기를 원하면, 넌 미지의 영역으로 발을 내딛는 거야. 네가 이제껏 피해 왔던 세계로 말이야.

너 지금 이렇게 말했지?

"완전히 헛소리잖아! 세상에 대체 어떤 사람이 마음이 불안하고 상황이 불확실할 때를 일부러 골라서 행동한다는 거야?"

흠, 스펜서 실버와 아서 프라이, 에릭 와이헨마이어를 잊었어? 학교에서 배웠던 위대한 과학자, 발명가, 작가는 또 어떻고? 세계적인 운동선수와 음악가 또는 마틴 루서 킹 같은 위대한 지도자들은? 버스에서 백인에게 자리를 양보하기를 거부했던 일반인 로사 파크스는?

새로운 걸 시도해서 위대한 업적을 이룬 사람들은 하나같이 이렇게 다짐했어. "어떻게 될지 모르지만 난 일단 해 볼 거야." 이렇게도 다짐했지. "어색하고 불안하고 서투르겠지만, 내 목표는 그걸 참고 노력해 볼 만한 가치가 있어."

전 세계의 모든 위대한 사람들, 그리고 걱정을 극복한 수많은 일반인들은 적어도 한 가지 공통점이 있어. 바로 용기야. 어려움을 극복한 사람들은 하나같이 용기를 보여 줬어. 그리고 그들처럼 모험을 하고 있는 너도 용기를 낼 수 있어.

여기에 공식이 있는데, 결론을 잘 봐.

의심을 받아들인다

+

불안을 받아들인다

+

미지의 영역으로 발을 내디딘다

=

용기


당장 에베레스트를 오를 계획을 세우진 않을 테니, 일단 네가 밖에 나가 놀고 싶은데 벌에 쏘일까 봐 두렵다고 해 보자. 그럴 때 이렇게 말해 보는 거야.

"난 벌에 쏘일지 어떨지 알고 싶지 않아."

또 헛소리로 들리겠지. 이해해. 넌 내가 미쳤다고 생각하지! 더는 한 글자도 읽기 싫어졌잖아!

그래, 그럴 거야. 하지만 잠시만 기다려 봐. 내 방법이 효과가 있으면 어쩔 건데? 읽어 봐서 나쁠 건 없잖아, 안 그래? 억지로 하라고 몰아붙이는 건 아니고 한번 해 보라는 거야.

만약에 네가 내일 낮 12시 5분에 점심으로 땅콩버터와 잼을 바른 샌드위치를 먹게 되리라는 걸, 지금 당장 무조건 확실히 알아야만 한다면 어떨까? 다시 말해, 지금 당장 알지 못할 경우 살아갈 수가 없다면 말이야. 그걸 확실히 알 수가 있겠니? 물론 그럴 수 없지. 정확히 내일 낮 12시 5분에 땅콩버터가 네 입천장에 들러붙을지 어떨지를 지금 당장 알아야만 하겠다면, 지금 네 기분이 어떨까? 걱정스럽겠지. 미래에 어떤 일이 일어날지는 절대 확신할 수 없어. 다만 계획을 세워서 앞으로 일어날 일의 가능성을 높일 수는 있지. 이를테면, 지금 샌드위치를 만들어서 책가방에 넣을 수는 있어. 알람을 내일 낮 12시 5분으로 맞춰 놓을 수도 있어. 하지만 네가 샌드위치를 한입 베어 물려는 순간에 학교에서 소방 훈련을 하지 않는다고 장담할 수는 없어.

그러니까 불확실함을 받아들이면, 알 수 없는 미래를 알고자 하는 부담감을 떨칠 수 있다는 얘기야. 날 믿어. 일단 방법을 배우기만 하면 엄청나게 도움이 될 거야. 우리는 미래를 알 수 없어. 미래를 모르는 편을 택하면, 걱정을 하나 덜게 되는 거야.

어떤 일을 해낼 수 있을지 의심스러울 때 느끼는 감정을 무시하라는 게 아니야. 앞일을 예측할 수 없으면, 어떤 일을 해야 할 시간이 다가올수록 마음이 불편해지고 심지어 불안해지기도 해. 그렇지만 그 편을 일부러 선택해야 해. 그러지 않으면 중요한 건 하지도 못하고 뒤로 물러서게 될 테니까. 새로운 일을 시도할 때 드는 불안감을 일부러라도 받아들이면, 앞으로 나아갈 좋은 기회를 얻게 되는 거야.

## 왜 생각을 바꿔야 하는가

너 지금 이렇게 생각했지? '그래, 아이들은 의심과 불안을 느낄 때가 있게 마련이야. 하지만 도대체 왜 일부러 의심과 불안을 선택하라는 거지?' 그에 대한 답을 알려 줄게.

어렵다고 생각하는 일을 일부러 할 때, 그리고 그걸 해낼 수 있을지 알려고 하지 않을 때, 네가 얻는 것들이 있어.

• 앞일을 예측할 수 없을 때도 계속 나아가게 된다.
• 어떤 불안이든 조절할 수 있다.
• 일을 해내기 위해 두뇌가 창의적인 방법을 생각해 낸다.
• 시간이 빨리 가는 것처럼 느껴진다.

이것들을 다 합치면 뭘 얻게 되는 걸까? 일부러 잘할 수 있을지를 의심하고 일부러 걱정을 하면, 새로운 것을 다루기가 여러모로 쉬워져.

이 방법은 어른들이 큰일을 하는 데는 물론, 아이들이 작은 일을 해내는 데도 도움이 돼. 지난 장의 이야기를 떠올려 봐.

• 병원에서 주사 맞기. 난 주사 맞는 느낌을 생각하지 않기로 했어. 지금

도 주사가 싫지만 전만큼 걱정을 많이 하진 않아. 주사 맞는 느낌을 신경 쓰지 않기로 하면서 지금은 창의적인 방식으로 걱정을 조절하게 되었어. 걱정을 쫑알대는 다람쥐로 여기기로 한 거 말이야.

- 시험공부하기. 내용을 이해할 수 있을지 장담할 수 없었고, 시험을 통과할지도 알 수 없었어. 하지만 그래도 괜찮을 거라고 판단했지. 그래서 걱정하는 대신 공부에 집중했어. 걱정이 불쑥 나타나면 이렇게 받아쳤지. "넌 도움이 안 돼. 난 이제 널 무시할 거야." 그러고는 공부에 다시 집중했어.

- 잠자리에 들기. 케이트는 잠자리에서 걱정 때문에 겁먹어도 괜찮다고 결론 내렸어. 그래서 걱정을 없애려 하는 대신 걱정을 큰 갈색 눈에 코를 신경질적으로 씰룩거리는 겁먹은 토끼라고 상상했어. 케이트는 걱정이 나타나게 내버려 뒀지만 생각을 조종하지는 못하게 했어.

- 야구공에 맞기. 엘리엇은 공에 맞기 싫었어. 하지만 그런 일은 거의 안 일어나고, 혹시 일어나더라도 대처할 수 있다는 것을 깨달았지. 그 이후로는 자신이 사랑하는 야구에 집중할 수 있었어. 지금은 타석에서 좋은 공이든 나쁜 공이든 겁먹지 않게 됐어. 기술적인 면에도 몰입할 수 있게 됐지. 그러면서 공에 맞을 일도 더욱 줄어들었어.

**묘한 사실을 하나 이야기해 줄까. 나쁜 일이 일어날까 봐 걱정하는 데 시간을 덜 들일수록, 나쁜 일이 일어날 가능성이 줄어들어!**

엘리엇이 바로 그랬지. 공에 맞을 걱정을 덜 하게 되면서 타격 기술에 더 집중할 수 있었고, 그러면서 당연히 공에 덜 맞게 되었잖아. 얼룩말 이야기에 이은 또 하나의 묘한 사실이지.

## 다음 이야기

아직 책을 던져 버리지 않았지? 고마워. 성장하려면 불안과 의심을 느껴야 한다고 내가 말했는데, 다음 장의 내용에 대해서도 불안과 의심을 느꼈니? 그런데도 아직 읽고 있는 거지? 거봐. 벌써 효과가 있잖아.

자, 다음 장에서는 일부러 불안과 의심을 느껴서 너의 몸에 있는 경보기를 재조정하는 방법을 알려 줄 거야.

# 두뇌 산책시키기

## 뭐든 만나야 기회가 있다

잠시 두뇌에 관해 이야기할 시간이야. 네 두뇌가 작아서 잠시만 이야기하자는 건 아니니 오해 마. 네 두뇌의 크기는 분명히 정상이야. 그리고 부지런하지. 그것도 엄청나게!

아무튼 부지런한 네 두뇌, 그리고 나를 포함한 다른 모든 사람의 두뇌에는 아몬드 모양의 작은 조직이 있는데, 그 모양 때문에 '아미그달라'라고 불러. 한국말로는 '편도체'라고 하지. 편도체는 두뇌의 경보 센터라고 할 수 있어. 응급 상황이 생기면 몸과 마음에 신호를 보내서 우리를 돌보게 하는 정말 고마운 기관이야.

경보기가 설치된 집은 연기가 나거나 도둑이 들면 경보기가 울려 대. 그와 마찬가지로, 두뇌에 있는 경보 센터도 우리가 위험에 처했다고 판단하면 경보를 울려. 얼마나 멋지니! 편도체는 뱀이 나타나면 자동으로 우리에게 겁을 줘서 우리가 도망치거나 가만히 있게 만들어.

모든 사람에게 내부 경보기가 필요해. 자전거 바퀴가 모래에 잠시만 미끄러져도 네 몸에는 즉시 경보가 전달될 거야. 편도체가 언제나 널 돌볼 준비를 하고 있으니까. 자전거 바퀴가 계속 미끄러져서 넘어질 위험에 처한다면, 네 몸은 얼른 준비를 마치고 다시 균형을 잡도록 돕지. 네 몸은 편도체의 '위험에 대비하라.'는 버튼에 0.003초 만에 반응하거든. 이건 번개가 내리치는 것보다 빠른 속도라고.

네게 **필요치 않은 건 이유 없이 울려 대는 경보**야. 토스트를 구울 때마다 경보가 울리면 어떻겠어. 난방 온도를 올릴 때마다 스프

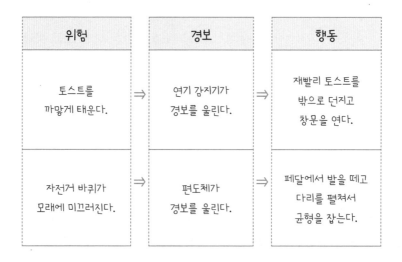

| 위험 | | 경보 | | 행동 |
|---|---|---|---|---|
| 토스트를 까맣게 태운다. | ⇒ | 연기 감지기가 경보를 울린다. | ⇒ | 재빨리 토스트를 밖으로 던지고 창문을 연다. |
| 자전거 바퀴가 모래에 미끄러진다. | ⇒ | 편도체가 경보를 울린다. | ⇒ | 페달에서 발을 떼고 다리를 펼쳐서 균형을 잡는다. |

링클러가 작동한다면, 그리고 우리 두뇌의 경보기가 허리띠를 뱀으로 착각해서 겁을 준다면 어떻겠냐고. 순한 이웃집 개를 보거나, 친구와 즐겁게 노는 걸 생각하거나, 짜릿한 모험을 상상할 때마다 널 겁에 질리게 만든다면 정말 싫겠지.

자, 그럼 여기서 논리적으로 생각해 보자. 경보 센터인 편도체가 지나치게 자주 울린다는 건, 걱정할 필요가 없을 때 걱정한다는 뜻이야. 어렸을 때 바다에서 구조대원이 사람을 구하는 모습을 봤다면, 그런 사고에 두려움을 느낄 거야. 누구라도 그럴걸. 그런데 그 경험 때문에 바다나 수영장에서 수영하는 게 대단히 위험하다고 결론 내리면, 네가 수영을 떠올릴 때마다 편도체가 경보를 울리게 되지.

바다나 수영장 같은 곳에서 경보가 일단 몇 번 울리고 나면, 그다음부터 네 두뇌와 몸은 자동으로 반응하게 돼. 걱정하고, 실수할 가능성이 커지고, 아무것도 하지 않기로 하는 일이 되풀이되는데, 이 패턴이 굳어지면 경보기를 쉽게 끌 수 없어. 네 몸의 경보기는 집에 있는 경보기와는 달라.

너 또 이렇게 말했지? "끌 수가 없다고? 이럴 줄 알았어! 내가 할 수 있는 게 없잖아. 이런 쓸모없는 책을 내가 왜 읽고 있는 거지? 화장실에 던져 버릴 거야!" 알았으니까 진정해. 과학자들이 밝혀낸 바에 의하면, 우리는 쓸데없이 울려 대는 경보기를 조절할 수 있어.

주방 조명이나 믹서처럼 간단히 끌 수는 없지만, 마음만 단단히 먹으면 분명히 끄는 법을 배울 수 있어.

5장에서 난 걱정과 이야기하는 법을 전했어. 걱정을 어떻게 조절하고 통제하는지 말이야. 이제는 편도체와 이야기하는 법을 가르쳐 줄게. 다시 말해, 편도체가 일으키는 불안 반응을 어떻게 조절할 수 있는지를 알려 줄 거야. 이걸 배우려면, 앞에서도 얘기했듯이 불안과 의심을 일부러 받아들여야 해.

네 편도체는 재교육을 받아야 해. 나쁜 버릇이 들었으니까. 그리고 재교육을 하려면 네가 불안과 의심을 겪어야 하지. 멀찌감치서서 편도체가 변하기를 바라기만 해서는 편도체를 재교육할 수 없어. 유감스럽지만 사실이야.

다른 개만 보면 미친 듯이 짖어 대는 '부치'라는 개가 있다고 해 보자. 그 개를 가르치는 걸 상상해 봐. 부치를 산책시키기는 쉽지 않을 거야. 마구 짖어 대고 펄펄 뛰며 목줄을 잡아당길 테니까. 하지만 다른 개를 보고 짖지 않도록 재훈련시키려면, 부치는 산책을 해야만 해. 그리고 다른 개를 만나야만 하지. 그런 다음에야 짖지 않는 걸 배울 수 있어(나와 친한 개 조련사가 알려 준 건데, 치즈가 많이 필요하대).

요점은, 거실에 가만히 앉은 채로 훗날 새롭고 불안한 상황에 처했을 때 편도체가 긴장하지 않기를 바라서는 안 된다는 거야. 네 편도체는 나가서 산책해야 하고, 당연히 너도 함께 산책하러 가야 해.

편도체 재훈련 프로그램을 마음속에서 하는 게임이라고 생각해 봐. 첫 번째로 해야 할 일이 뭘까? 경보 센터에 위험 버튼을 누르라고 말하는 걸 멈추는 거야. 내가 방법을 가르쳐 줄 건데 시간이 좀 걸려. 시간 있지? 나와 함께 이 게임을 하고 나면, 걱정 없이 즐길 수 있는 게 더 많아질 거야. 해 볼 만하지?

위험 버튼을 누르지 않게 하는 방법이 뭘까? 쉽지는 않지만, 간단해. 두뇌와 이야기하는 법을 배우는 거지. 왜냐고? 겁이 나면 사람들은 위험 버튼을 누르라는 말을 해. 그런데 경보 센터에 위험하다고 말하는 걸 멈출 수 있으면, 편도체가 위험 버튼을 누르지 않게 하는 거나 마찬가지거든. 소리 내서 따라 해 봐.

난 두뇌와 이야기하는 법을 배울 거야.

그렇게 하지 않으면 난 늘 위험 버튼을 누르라고 할 거니까.

경보 센터에 내가 위험하다고 말하는 걸 멈출 수 있으면, 편도체가 위험 버튼을 누르지 않게 하는 거나 마찬가지야.

경보 센터는 빠르고 단순하게 반응해. 경보 센터는 딱 한 가지

일만 하지. 널 보호하는 것 말이야. 위험으로부터 널 지켜 주는 보호자인 셈이야. 하지만 위험이 없을 때는 즐거움을 빼앗아 가지. 경보 센터는 보호하는 게 목적이라면서 왜 위험이 없을 때도 계속 위험 버튼을 눌러 대는 거지? 좋은 질문이야! 이 대답은 굉장히 중요하지. 그 이유는 네가 계속 위험하다고 말하니까 그런 거야! 넌 경보기를 곧바로 끌 수는 없지만, 눈 깜짝할 사이에 켤 수는 있어. 어떤 일에 겁을 먹으면 넌 걱정을 하고, 그러면서 이런 말을 해.

- 지난번과 같은 문제가 생기면 어쩌지? 진짜 싫은데.
- 거기에 가면 불안해질 거 같아. 난 불안에 떨기 싫어. 마음 편한 게 좋다고.
- 어떤 일이 생길지 모르니까 난 안 갈 거야.
- 뭔가 나쁜 일이 생길 거야.
- 당황하면 어떡하지? 난 못 견딜 거야.
- 다치면 어떡해? 난 다치기 싫다고.

네가 이런 걱정을 할 때, 경보 센터가 무슨 소리를 듣는지 아니? 딱 하나, "위험에 대비해!"야. 편도체가 듣는 소리는 그게 전부야. 네 경보 센터는 강력하지만, 그다지 정교한 장치는 아니야. 걱정거리의 구체적인 내용을 파악할 능력은 없어. 위험이라는 한 가지 메시지만 알아듣지. 요컨대, 편도체라는 경보 센터에는 버튼이 하나뿐인데, 그게 바로 위험에 대비하라 버튼이라는 말이야.

어디에서 무엇을 하건, 겁먹고 걱정할 때 내가 마음속으로 원하는 건 두 가지야. 전에 들어 본 적 있는지 봐.

- 난 어떤 일이 생길지 알아야 해.
- 당장 이 불안감을 없애야 해.

난 도움이 안 되는 저런 말을 하는 걸 즉시 멈추는 법을 익혔어. 저런 말 대신 이렇게 말하는 거야.

- 난 어떤 일이 생길지 알고 싶지 않아.
- 난 불안감을 느끼고 싶어.

예를 들어 볼게. 네가 처음으로 비행기를 탈 건데 걱정이 된다고 해 보자. 두뇌의 경보 센터인 편도체와 네가 대화를 하는 거야.

여기서 잠깐. 중요한 점을 확실히 하고 넘어가자. 네가 걱정이 되어서 마음속으로 자신과 이야기한다고 생각할 때, 사실 너는 자신과 단둘이서만 이야기하는 게 아니야. 편도체가 언제나 귀를 기울이며 네가 겁먹을 때를 기다리고 있고, 언제나 거기에 반응해서 널

긴장시키지. 편도체는 널 가장 잘 보호하고, 하는 일은 그거 하나야.
네가 부르니까 편도체가 대답하는 거야.

　다시 본론으로 돌아와서, 네가 비행기 타는 일로 걱정하기 시작
하면, 편도체는 다음과 같이 경보를 울려.


**너**　　아, 어떡해. 방법이 없어. 난 못 견디겠어. 여기서 벗어나고
　　　　싶어. 난 비행기 타 본 적이 한 번도 없어.

**편도체**　뭐? 벗어나야 한다고? 이런. 내가 대비를 해야겠군. 심장

박동을 올리고 근육이 달릴 준비를 하게 만들어야지. 우리 몸의 엔진을 작동시켜야겠어.

**너**    음, 기분이 더 나빠지고 있어. 몸이 안 좋아. 심각해. 그거 봐! 난 내가 못 참을 걸 알고 있었어. 멈춰야 하는데 그럴 수가 없네. 내 몸이 어떻게 되는 거지? 도와줘!

**편도체**    뭐지? 공포가 더 심해졌다는 메시지잖아! 여기서 벗어나야 해. 속도를 올리자! 우리는 위험에 처했어, 맞지? 난 네가 하라는 대로 할 거야.

**너**    더 나빠지고 있어. 도망쳐야 해. 몸이 말이 아니야. 비행기 가 무서워. 내 몸이 제멋대로잖아!

**편도체**    경보를 울려야겠어! 위험해!

**너**    참을 수가 없어! 어떡해!


여기서 이해해야 할 점이 있어. 너는 네가 두뇌의 경보 센터와 이야기하고 있다는 것을 모르지만, 사실은 그렇게 하고 있다는 점 이야.

좀 전의 장면을 재연해 보자. 비행기를 처음으로 타는 건 같은 데, 네가 아까와는 다른 방식으로 자신과 이야기할 때 어떤 일이 생 기는지 봐. 너는 '위험' 메시지를 가로막고, 경보기는 메시지를 돌려 보내게 돼.

**너**     괜찮을지 모르겠네. 난 비행기를 타 본 적이 없어. 뭔가 불
길해. 지금 비행기 안에서 옴짝달싹 못 하고 있는데, 내려
야 할 것 같은 느낌이 들어.

**편도체** 잠깐, 꼼짝 못 하고 있다고? 움직이자. 내가 탈출할 준비를
할게. 얼른 경보를 울려야지. 경보기 작동.

**너**     야, 기분이 안 좋아! 초조해 죽겠잖아. 싫다고!

**편도체** 그게 내가 움직이라고 보낸 신호야. 난 널 보호하려는 거
라고!

**너**     난 한 번도 비행기를 타 본 적이 없어. 그러니까 어떤 일이
일어날지 잘 몰라. 정신적으로 긴장되고 몸도 뻣뻣해지고
있어. 하지만 난 진심으로 이 비행기를 타고 싶어. 플로리다
까지 차를 타면 시간이 너무 오래 걸리거든. 긴장되지만 참
을 수 있어. 불안한 느낌을 견딜 수 있다고. 난 플로리다에
가고 싶고, 이 비행기도 타고 싶어. 그러기 위해서 불안을
느껴야 한다면, 난 기꺼이 그 불안을 감수할 테야.

**편도체** 비행기에 그대로 있겠다는 거니? 그래, 좋아. 난 이미 경
보기를 작동시켰어. 이미 탈출할 준비를 했다고. 이제 어
쩌라는 거야?

**너**     내가 괜찮다고 할 때는 내 말을 들어. 마음이 불안하지만
이건 예상 밖의 긴급 상황이 아니야. 편도체 넌 참 쉽게도

경보를 울려 대는구나. 지금 난 널 바꾸려 노력하는 중이야. 이런 느낌을 함께 경험하고 나면, 다음번에는 좀 더 쉬워질 거야.

**편도체** 정말? 이럴 때 난 재빨리 움직이는 데 익숙한데…. 지금은 심각한 일이 아니라는 거지? 그럼 엔진 속도를 늦출게. 이게 진짜 네가 원하는 것인지 보자.

**너** 좋아. 벌써 조금 나아졌어. 이제 숨 좀 쉬겠네. 탈출할 필요 없어. 여기서 마음이 불안하다는 건 예상할 수 있는 일이야. 새로운 걸 경험하는 과정일 뿐이라고. 가슴이 두근거리고 속이 울렁거리지만, 이건 절대 긴급 상황이 아니야.

**편도체** 긴장을 조절할 수 있는 것 같네. 그렇다면 주요 경보기를 꺼도 되지. '새로운 경험'일 뿐 긴급 상황이 아니라는 네 말을 확실히 이해했어. 널 '새로운 경험'으로 인한 흥분 상태에 놓아둘게.

**너** 휴! 아슬아슬했어. 잠시 마음이 꽤 불안했었거든. 근데 우리가 그걸 이겨 냈어, 맞지?

**편도체** 그래, 맞아. 다음에 보자. 안전띠 확인하고.


뭐가 다른지 알겠어? 첫 번째 대화에서는 네가 걱정하기 시작했을 때 편도체가 자기 할 일을 했어. 다시 말해, 경보기를 울린 거지.

그 결과 넌 겁에 질려 몸이 긴장되고 심장 박동이 빨라졌어.

두 번째 대화에서 넌 걱정과 불안을 예상했어. 하지만 넌 자신에게 중요한 사실을 일깨웠지(편도체가 듣고 있다는 걸 명심해). 새로운 상황에서 불안과 의심을 느끼는 건 정상이니, 꼭 심각한 경보를 울릴 필요는 없다는 사실을 말이야. 넌 휘몰아치는 생각을 진정시키고 경보 센터에 다른 메시지를 보냈어. 그래서 편도체는 "경보를 약하게 해야겠다. 이건 긴급 상황이 아니야."라고 결론 내렸지.

도움이 되지 않는 걱정을 전달하는 걸 멈추면, 경보 센터에 위험 버튼을 누르라는 신호를 멈추게 되는 거야.

경보기를 진정시키면, 새로운 것을 배울 수 있어. 넌 "난 모든 일이 어떻게 될지 알아야 해.", "진정해야 해."와 같은 말을 "난 …을 원해."로 바꿀 수 있어. 그런데 뭘 원해야 할까? 바로, 의심과 불안을 원해야 해.

잘 모르겠으면 복습해 보자.

새롭고 어려운 목표를 달성하려면 우리는 다음 두 가지를 받아들여야 해. 너와 나, 친구들 모두 마찬가지야. 부모님, 선생님, 이모, 삼촌도 그래. 지구 위의 모든 사람들이 예외 없이 그렇지.

- 의심을 받아들여야 한다.
- 의심에서 비롯하는 불안을 받아들여야 한다.

새로운 일을 할 때는 결과를 확신할 수 없는 법이야. 그래도 해 볼 가치가 있을까? 토머스 에디슨은 그렇게 생각했어. 6,000번 넘게 실패했지만 포기하지 않고 끝내 최초의 전구를 발명했지. 가장 큰 어려움은 무엇이었을까? 에디슨은 전구에 넣을 필라멘트를 발명해야 했어. 그래서 남아메리카 대륙, 자메이카, 중국, 일본, 실론(지금의 스리랑카), 버마(지금의 미얀마)로 사람들을 보내서 알맞은 실을 찾게 했지. 하지만 실패했어. 마침내 적합한 섬유를 찾아내 며칠에 걸쳐 준비했는데, 전구에 넣다가 부러뜨리고 말았거든. 에디슨은 곧바로 잠도 안 자고 48시간을 더 들여서 두 번째 실을 준비했어. 기자가 그렇게 여러 번 실패했는데도 연구를 계속한 이유가 뭐냐고 묻자 에디슨은 이렇게 대답했지.

"난 실패한 게 아니라 쓸모없는 6,000가지 방법을 발견하는 데 성공했던 거요!"

이런 게 끈기라는 거야. 너도 실버나 프라이(포스트잇 발명가), 에릭(시각장애인 등반가), 에디슨과 다르지 않아. 그들처럼 너도 목표를 이룰 수 있어. 그들의 유일한 장점은 의심과 불안을 기꺼이 받아들이고 일단 앞으로 나아갔다는 거야. 용기를 부여잡고 자신들을 미지의 영역으로 밀어 넣은 거지.

넌 할 수 있어. 그리고 넌 성공할 거야. 훈련하면 돼. 부처가 그랬듯이.

## 마음먹고 해 봐

다른 개를 직접 만나지 않고도 부치가 다른 개와 어울리는 법을 배울 수 있을까? 안 되지. 부치는 다른 개를 보고, 냄새 맡고, 소리를 들으며 다르게 반응하는 법을 배워야 해. 그리고 용기 있는 독자인 너도 그렇게 새로운 것을 하면서 앞으로 나아가야 해.

첫 번째 단계는 너의 경보 센터에 말하는 방식을 바꿔서 위험 버튼을 누르지 않게 하는 거야. 넌 다음 메시지를 하나씩 시험해 봐야 해.

"난 불안을 기꺼이 받아들일 거야."

"의심을 기꺼이 받아들이고 앞일을 다 알려 들지 않을 거야."

"용기를 내서 해 볼 거야."

두 번째 단계가 사실 더 중요한데, 익숙하지 않은 상황이나 전에 겁났던, 하지만 실제로는 위험하지 않은 상황으로 발을 내딛는 거야. 그때 뒷걸음질 쳤던 상황을 향해 조금씩 나아가야 해. 그것도 일부러 자발적으로 말이야.

왜 그래야 하느냐고? 왜냐면….

- 넌 특정한 상황에서 느끼는 두려움을 줄이고 싶어, 맞지?
- 그리고 실제로는 위험하지 않은 활동에 좀 더 참여하고 싶어.

124

명심해. 네 경보 센터는 네가 전에 겁먹었던 것에 다가가면 자동으로 위험 버튼을 누르게 되어 있어. 그래서 네가 그런 활동에 참여하고 싶어도 한동안은 계속해서 의심과 불안을 느끼게 될 거야. 위험 버튼을 자동으로 누르니까.

앞으로 나아가고 싶지? 널 긴장하게 만드는 사건을 다루는 법을 배우고 싶지? 그러려면 의심과 불안을 느껴야 해. 부치를 재교육하려면 부치를 데리고 산책하러 나가서 다른 개를 보여 줘야 했던 것처럼. 넌 그런 느낌과 싸울 수 있어. 하지만 어떻게 해도 그런 느낌은 찾아올 거야. 그리고 싸우고 나면 마음이 더 불안해질 거야.

내 조언은 확신과 편안함의 정반대를 추구하라는 거야. 이것이 퍼즐의 다음 조각이야. '의심과 불안을 기꺼이 받아들여라.'

의심과 불안을
기꺼이 받아들여라

와우! 세상에 대체 그런 사람이 어디 있다는 거야? 떠오르는 사람 있어? 세계의 위대한 지도자들은 늘 그랬어. 위대한 사상가, 화가, 운동선수도 모두 그랬지. 공포를 극복한 모든 아이들과 어른들까지도. 엄청나게 많은 사람들이 있어. 그들이 하고 내가 했다면, 너도 할 수 있어.

네가 다른 아이들과 구내식당에 있는 걸 두려워한다고 해 보자. 넌 자신에게 이렇게 말하겠지. "이건 정말 끔찍해. 정말 불편하다. 쟤들은 날 싫어할 거야…. 여기서 당장 벗어나고 싶어!" 지금 넌 이런 공포를 극복하고 싶어. 그런데 그게 쉽지 않아 보이는 거야. 그럴 때 이렇게 해 보면 어떨까.

만약에 구내식당에서 다른 아이들과 이야기해야 한다면, 특히 네가 불안을 느끼는 상황에서,

그리고 만약에 네가 '힘들지만 강해지기 위해 난 이걸 기꺼이 할 거야.'라고 생각할 수 있다면,

그렇다면 네 경보 센터는 구내식당에서 다른 아이들과 있는 것이 비교적 안전하다고 여길 수 있어.

첫 번째 시도는 이렇고, 다음번은 어떤지 보자.

만약에 네가 매일매일 구내식당에서 아이들과 이야기한다면,

그렇다면 네 경보 센터는 네가 구내식당에서 다른 아이들과 이야기할 때 자동으로 위험 버튼을 누를 필요가 없다는 걸 깨달을 거야.

그러면 넌 구내식당으로 향할 때 불안을 덜 느끼기 시작할 거야.

이런 과정이 더 곤란한 상황에서도 똑같이 적용돼.

만약에 네가 더 곤란한 상황에서 '힘들겠지만 강해지기 위해서 이걸 기꺼이 하겠어.'라고 생각하면서 머문다면,

그리고 "끔찍해. 진짜 싫다. 난 이런 걸 원치 않아. 뭔가 크게 잘못됐어."라고 말하기를 멈춘다면,

그러면 네 경보 센터는 그 사건이 비교적 안전하다고 생각하게 될 거야.

처음에 이랬다면, 그다음에는 더 좋아지겠지?

만약에 네가 그런 경험을 일부러 여러 차례 반복하면,

그러면 네 경보 센터는 네가 그런 상황에 처했을 때 자동으로 위험 버튼을 누를 필요가 없다는 것을 알게 돼.

그러면 넌 그런 상황에 처해도 별로 걱정하지 않게 되지.

이해하겠어?

겁먹고 걱정하는 과정을 바꾸는, (그러니까 편도체를 재조정하는) 최고의 방법은 (위험 버튼으로 이어지는) "난 이게 싫어."라는 말을 그만하고, "난 이걸 원해."라고 말하기 시작하는 거야. 그런 다음 행동하는 거지!

이런 태도를 가진 사람은 다음과 같이 말해.

• 밖에 나가 놀아야지. 벌에 쏘일지 어떨지는 알고 싶지도 않아.
• 기타 연주를 배울 거야. 연주가 엉망이라 남들이 비웃을까 봐 걱정되지만 괜찮아.
• 응원단 입단 시험을 볼 거야. 합격할지는 신경 안 써.
• 친구 집에서 하룻밤 잘 거야. 겁이 나서 집에 오고 싶어지려나? 그때 가서 생각하자.
• 새로운 일을 시도할 때 결과를 알 수 없으면 난 불안을 느껴. 하지만 새로운 걸 하고 싶으니까 불안을 기꺼이 받아들이겠어.

난 이걸 일 년 넘게 연습하고 있어. 그래서 네게도 도움이 많이 될 거라고 자신 있게 말할 수 있지. 난 전보다 의욕이 넘쳐. 예전부터 느끼던 걱정이 아직도 불쑥 나타나곤 하지만, 난 마음을 가다듬을 수 있어. 이제는 자신과 싸우는 데 많은 시간을 들이지 않아. 그래서 내 일에 더 집중할 수 있지.

게다가 이걸 연습하면서 얻은 것이 더 있어.

- 내가 원하는 것을 배울 때는 불안을 개의치 않아.
- 앞일을 의심하도록 나 자신을 내버려 두지.
- 목표를 이루기 위해 새롭고 기발한 방법을 발견해.
- 위험 버튼을 누르지 않으니까 불안감이 줄었어.
- 새로운 것을 접하면 배우는 게 있어. 배우면 성장한다는 것. 난 성장하고 싶어.


너는 어떤 모험을 해 보고 싶니? 그걸 해 봐!

## 다음 이야기

의심과 불안에 관해 좀 더 이야기할 거야. 겁이 나지만 앞으로 나아가려면 의욕이 넘쳐야 하고 몇 가지 방법도 알아야 해. 내가 그 방법에 관해 조언해 줄게.

지금까지 불안에 관해 많은 이야기를 했어. 불안을 조절하는 방법과 불안한 이유에 대해서도. 이쯤에서 네 생각을 읽어 볼까? 네가 나의 '불편한' 이 야기를 어떻게 생각했는지 말이야. 아마 이렇게 생각했을걸?

'케이시는 내가 불안을 느껴야 한다고 말해. 하지만 주사를 맞거나 축구 팀에 지원하는 일처럼 새로운 일을 해야 할 때, 난 불안하지 않아. 완전히 비참해진다고! 몸이 덜덜 떨리고 토할 것 같은 느낌이 들어. 그런데 나더러 어떡하라는 말이니?'

지금까지 난 너에게 생각을 다스리는 방법을 조언했어. 걱정과 경보기에 관해 말했고, 이야기하는 법을 바꾸라고도 했지. 하지만 중요한 주제가 또 있어. 내 경험과 다른 아이들의 이야기에서 얻은 정보에 의하면, 우리는 우리 몸의 나쁜 느낌에 굉장히 집착해. 그래서 난 그런 걱정스러운 느낌을 조절할 수 있게 도와주는 기술 몇 가지를 만들었어. 이걸 알면 두뇌를 재교육하기가 수월해질 거야. 적어도 나한테는 도움이 됐어. 계속해 볼까?

-------------------------------------------------------------------

# 힘을 빼! 그리고 소리 질러!

## 심호흡을 잊지 마

지난 주말에는 친구 린지와 놀이공원에 갔어. 집에서 한 시간 거리라 우리는 여름마다 그곳에 가. 공원에는 회전목마, 물 위에서 회전하는 보트, 위아래로 빙빙 도는 놀이기구 같은 게 있지. 그리고 양키캐논볼이 있어. 1934년에 만들어진 구식의 나무 롤러코스터인데, 출발해서 원점으로 돌아올 때까지 1분 52초가 걸리고, 가파른 경사로와 옆으로 기울어진 곡선 주로로 이루어져 있어. 무섭지만 끝내줘. 지난 주말 전까지는 다른 아이들이 타는 걸 바라보며 나도 저걸 탈 용기가 있으면 좋겠다고 생각했어. 그런데 내가 탔어. 용기를 내서 말이야.

우리는 줄 서서 20분을 기다렸어. 인기 있는 놀이기구를 타려면 보통 그 정도는 기다려야 해. 내 심장 박동이 평소보다 빨라지기 시작했어. 겨드랑이가 축축해지고 제자리에서 발을 동동 굴렀어. 몸을 움직여야 한다는 느낌이 들었거든. 에너지가 마구 넘쳐서 혈관 속으로 퍼지는 느낌이 들었어.


## 재미 움켜쥐기

다른 롤러코스터와 마찬가지로 양키캐논볼도 가파른 경사로를 한참 동안 천천히 올라가며 시작돼. 바퀴가 딸깍딸깍 소리를 내고, 중력이 내 등을 의자로 밀어붙였어. 심장이 쿵쾅댔지. 난 앞에 있는 봉을 꽉 잡았어. 한겨울 빗속에 떠는 치와와처럼 손이 덜덜 떨리는 걸 멈추고 싶었거든. 다리도 위아래로 떨렸어. 치와와처럼 숨을 멈췄다가 헐떡이기를 반복했지. 바로 그 순간 난 공포에 휩싸여서 린지에게 도움을 청했어. 린지는 몸을 잔뜩 웅크린 채로 말했지.

"이거 장난이 아닌데. 토할 것 같아!"

린지는 걱정이 많은 아이가 아닌데도 손으로 봉을 꼭 잡고 다리를 구르고 있었어. 눈이 휘둥그레져서는 입술을 깨물고 있었지.

"사람들을 긴장하게 하려고 이렇게 올라가는 거야."

린지는 바퀴가 딸깍대는 소리보다 더 큰 목소리로 말했어.

"꼭대기에 도달하면, 몸에서 힘을 빼! 그리고 소리 질러!"

정말이야. 린지가 그렇게 말했다니까.

　맙소사. 몸에서 힘을 빼라고? 그런 말은 전에도 들어 봤고, 그렇게 해 본 적도 있었어. 하지만 린지가 말하기 전까지 롤러코스터에서 그렇게 하는 건 꿈에도 생각해 본 적 없었지. 첫 번째 경사로 꼭대기에 도달했을 때, 난 린지의 말대로 몸에서 힘을 뺐어. 의자에 앉은 채로 롤러코스터와 중력과 속도에 몸을 맡겼지. 우리는 나머지 1분 30초 동안 소리를 마구 질러 댔어. 내 심장은 롤러코스터가 멈출 때까지 계속 쿵쾅거렸지. 하지만 난 몸에서 힘을 빼고 소리를 지르기로 마음먹은 순간부터 롤러코스터에 저항하지 않았어. 내 몸이 롤러코스터와 함께 가도록 한 거야. 웃음이 나오기까

지 했어.

우리는 두 번을 더 탔어. 탈 때마다 더 크게 소리 지르고 더 크게 웃었지.

내가 이 이야기를 하는 데는 당연히 이유가 있어. 난 경험에서 뭔가를 배우고 그걸 남들과 나누는 걸 좋아해. 그날 놀이공원에서 집으로 돌아오는 차 안에서 롤러코스터에서의 일을 곰곰이 생각해 봤어.

내가 어떻게 그걸 탔지? 어떻게 그걸 즐길 수 있었지? 어떻게 토하지 않았지?

줄을 서서 기다릴 때나 롤러코스터가 경사로를 올라갈 때 내가 침착하지 않았다는 건 확실해. 흥분하고 긴장했어. 그래, 심지어 겁을 먹었어. 롤러코스터를 타고 싶었고 그걸 즐기기를 바랐지만, 내가 그걸 좋아하게 될 줄은 정말 몰랐어.

어떻게 겁을 먹었다가 즐기게 되었을까? 난 나의 긴장감과 의심이 경보기를 울리게 내버려 두지 않았어. 줄을 섰을 때 내 감정이 정상이라고 되뇌었지. 난 흥분하고 긴장했어! 그런데 같이 줄을 선 사람들을 둘러보니 다들 나처럼 행동하는 것 같더라고. 난 거기서 에너지를 느낄 수 있었어. 그리고 경사로를 올라갈 때, 걱정 없이 태평한 린지가 나와 똑같이 행동하는 것을 봤지.

그러고 나서 린지는 나한테 몸에서 힘을 빼라고 말했어. 뭐가 그렇게 간단하냐고? 사실이 그런 걸 어떡해. 우리 몸은 두려움에 반응해. 몸이 반응하기 시작할 때, 우리는 두려움이 더 심해지게 할 수 있어. 또한 두려움을 줄이거나 진정시킬 수도 있지. 그런 방법 가운데 하나가 몸에서 힘을 빼거나 몸을 느슨하게 하는 거야. 몸을 느슨하게 하면서 동시에 흥분시키는 건 불가능해. 싸울 것인가 도망갈 것인가 반응은 네가 싸우거나 도망칠 준비를 하게 만들어. 네가 몸을 느슨하게 하면, 넌 정반대 메시지를 두뇌에 보내는 거야. 근육이 느슨해지면, 네 몸과 두뇌는 "위험해!"라고 소리 지르지 않아. 느슨한데 위험하다? 느슨한데 겁에 질린다? 그런 일은 없어.

사실 난 이걸 린지가 일깨워 주기 오래전에 배웠어. 일 년 전에 걱정과 우리 몸에서 일어나는 일에 관해 전문가 선생님과 대화를 나눴었지. 선생님은 내게 짤막한 실험을 보여 줬어. 너도 직접 해 봐.

"케이시, 이 연필을 쥐어 봐. 테니스 라켓이나 우산을 쥐듯이 말이야. 이제 연필을 있는 힘껏 쥐어. 손가락이 아프고 손목 근육에 힘이 들어갈 정도로 힘껏. 더 더! 더 힘껏! 이제 힘껏 쥐는 것과 동시에 손가락을 느슨하게 해서 연필을 떨어뜨려 봐. 그래, 있는 힘껏 쥐면서 힘을 빼서 연필을 떨어뜨리는 거야."

해 봤니? 난 못 했어. 너도 못 해. 해 봐. 기다릴 테니.

무슨 뜻인지 알겠어? 힘을 주면서 동시에 힘을 뺄 수 없다는 걸 이해해야 하는 이유를 알겠니? 힘을 주고 있다가 힘을 빼면, 경보 시스템을 즉시 끌 수 있다는 거야. 이 방법은 내가 의심과 불안을 느끼기 시작할 때 정말 도움이 많이 됐어. 이 퍼즐 조각에 관해 더 상세하게 알려 줄게.

## 진정하기

전에 어떤 사람의 경험담을 들은 적이 있는데, 그 사람은 겁이 나기 시작하면 상태를 조절하기 위한 어떤 노력도 하지 않고 그저 그 상태가 끝나기만 기다린다고 했어. 하지만 난 그건 옳은 방법이 아니라고 생각해. 너도 그런 말을 들으면 안 돼. 넌 아직 걱정을 조절하는 법을 배우는 중이야. 그리고 걱정에 대해 생각하고 대응하는 새로운 방법을 연습한다고 해도 네 경보기는 울릴 수 있어.

지금 내가 하는 조언은 무엇보다 걱정하고 겁내는 상황을 겪어 보고 불안해지는 걸 연습하라는 거야. 우리의 목표는 두뇌를 재교육해서 경보를 가라앉히는 것이지만, 일단은 현실적으로 생각해야 해. 경보는 울릴 수 있어. 그리고 겁에 질렸을 때는 그 상태를 조절하기 위한 방법이 필요해.

한 가지 방법은 겁에 질렸을 때 너 자신과 이야기하는 방법을 바꾸는 거야. 다시 말해, 먼저 이건 긴급 상황이 아니라고 말한 다음, 이런 불편한 느낌을 조절할 수 있다고 말하는 거지. 하지만 전에 그런 감정을 성공적으로 조절한 경험이 없다면, 당연히 그렇게 말할 수 없어. 이를테면, 실제로는 못 하면서 말로만 이렇게 떠들 수는 없다는 거지. "난 외발자전거를 타고 계단을 올라갈 수 있어. 그것도 손가락으로 농구공을 돌리면서!" 난 너한테 몸을 진정시키는 방법을 알려 줄 것이고, 그걸 배우면 넌 자신 있게 이렇게 말할 수 있을 거야. "난 자신을 진정시키는 법을 알아." 이게 외발자전거를 타면서 농구공을 돌리는 것보다는 쉬울 거야.

엄마와 나는 몸과 마음을 진정시키는 데 도움이 되는 심호흡과 이완 기술을 알아냈어. 그런데 원래는 어른을 위한 거라 좀 느려서, 아이에게 맞게 살짝 바꿨지. 우리는 새로 만든 설명을 종이에 적고 그걸 읽어 가며 연습했어. 그다음엔 내 스마트폰에 녹음해서 원할 때마다 들었지.

이 연습은 불안하지 않을 때 하는 거야. 다른 말로 하면, 진정하는 법을 배우기 위해, 실제로 진정해야 할 상황이 닥칠 때까지 기다리지 말라는 거야. 엄마와 나는 그 말이 옳다고 생각했어. 예를 들면, 우리 동네는 소방 훈련을 소방서 뒤에 있는 텅 빈 주차장에서 해. 소방관들은 장비를 시험하기 위해 어딘가에 불이 날 때까지 기다리고 있지 않아. 소방관들은 불을 끄느라 엄청 바쁘잖아. 그래서 나도 내가 당황 버튼을 안 눌렀을 때, 이 기술을 연습하기 시작했어.

나는 이 끝내주는 기술을 아주 능숙해질 때까지 연습했어. 그래서 지금은 원할 때 마음을 진정시키기가 훨씬 쉬워졌지. 이 기술이 효과가 좋다는 걸 알게 된 후로, 난 두렵고 새로운 상황에 처했을 때 준비된 느낌을 받아. 때문에 이제는 이 기술을 쓸 필요가 거의 없지. 지금은 보통 내가 긴장을 조절할 수 있다는 것만을 떠올려. 그리고 앞으로 나아가지. 하지만 조금이라도 불안에 휩싸이는 느낌이 들면, 이 진정 기술을 뽑아 드는 거야.

하지만 처음에는 이 기술을 자주 연습하고 사용했어. 너도 그렇게 해야 해. 나중에, 그러니까 이걸로 긴장 상태를 많이 진정시킨 다음에는 너도 나처럼 이 기술을 쓸 일이 별로 없게 될 거야. 장담해.

그럼에도 나는 여전히 두세 가지 심호흡 기술을 종종 사용해. 왜냐고? 그걸 사용할 때면, 내가 지금 벌어지고 있는 일을 조절할 수 있다는 걸 다시 깨닫게 되거든.

예를 들어 보자. 오늘 역사 선생님이 말했어. "좋아, 모두 연필을 꺼내. 교과서를 제대로 읽어 왔는지 확인하기 위해 쪽지 시험을 볼 거야." 난 어젯밤에 과제 부분을 분명히 읽었어. 하지만 음악을 틀어 놓았던 데다 부가 침대 위를 뛰어다니며 나한테 몸을 비비고 가르릉 소리를 내는 바람에 정신이 없긴 했었지. 선생님의 말씀을 듣는 순간 갑자기 내가 어젯밤에 집중하지 않았다는 생각이 들었어.

바로 그때, 엄마와 내가 '진정 호흡'이라고 이름 붙인 호흡을 시작했어. 진정 호흡을 해서 몸에 '긴급' 메시지 대신 '난 이걸 조절할 수 있어.'라는 메시지를 보낸 거야. 덕분에 별문제 없이 앞으로 나아갈 수 있었어. 그동안 수없이 연습해 온 대로 진정 호흡을 하니까 겁이 줄어들고 마음이 진정됐어. 그리고 시험에 집중할 수 있었지.

만점을 받은 건 아니야. 하지만 읽은 내용을 기억하려 애쓰며 '아, 난 준비가 안 됐어! 왜 어젯밤에 집중하지 않았을까! 시험을 망치면 너무 부끄러울 거야!'라고 생각할 때보다는 좋은 점수를 받았어.

그럼 이제 퍼즐의 다음 조각을 추가해 볼까. 이번은 외우기도 쉬워. '심호흡해라.'

진정 호흡을 하는 데는 30초가 걸려. 여기에 방법을 적어 놓을 테니 시간이 30초만 있으면 한번 해 봐. 기다릴게.

## 진정 호흡

1. 숨을 길게 내쉰다.

2. 숨을 깊이 들이쉰다. 먼저 배를 불룩하게 하고 다음으로 가슴을 불룩하게 한다.

3. 천천히 숨을 내쉬며 "진정"이라고 조용히 말한다. 비슷한 단어도 되는데 난 "좋아."나 "괜찮아."라고 말하곤 해. 간단한 단어가 좋아.

4. 근육을 늘어뜨리고 따뜻하게 한다. 얼굴과 턱 근육에서 힘을 뺀다.

5. 이렇게 '편안한' 상태를 몇 초 더 유지하며, 호흡이나 다른 것을 생각하지 않는다.


그래도 생각이 휘몰아쳐서 마음을 진정시키기 힘들 때는 진정 셈을 해 보는 거야. 진정 셈은 90초가 걸려. 1분 30초 동안 이 훈련의 모든 단계에 집중해야 해. 이 점이 아주 좋아. 왜냐고? 이 호흡 기술의 각 단계에 집중하는 동안은 걱정을 할 수 없거든.

진정 셈은 두 가지 방식으로 도움이 돼. 몸의 긴장을 풀게 해 주고, 날 겁주지만 도움이 되지 않는 생각에서 주의를 돌리게 해 주지. 그래서 조금 진정되었을 때, 손쉽게 이렇게 말할 수 있어.

"이런 생각은 도움이 안 돼. 빠져나와야지."

그리고 제자리로 돌아오는 거야.

## 진정 셈

1. 숨을 길게 내쉰다.

2. 숨을 깊이 들이쉰다. 먼저 배를 불룩하게 하고 다음으로 가슴을 불룩하게 한다.

3. 천천히 숨을 내쉬며 "진정"이라고 조용히 말한다. 다른 간단한 단어도 괜찮다.

4. 부드럽고 편안하게 숨을 열 번 쉰다. 숨을 내쉴 때마다 조용히 셈을 한다. 열까지 세면 처음부터 다시 시작한다.

5. 호흡하면서 동시에 턱이나 이마나 배의 근육에서 힘을 뺀다. 근육에서 힘이 빠지는 걸 상상한다.

이해했어? 그저 편안하게 힘을 빼고 부드럽게 숨을 열 번 쉬는데 집중함으로써 네 온몸과 두뇌에 진정하라는 메시지를 보내는 거야. 난 셈을 하고 몸에서 힘을 빼는 동안 혼자 웃을 때도 있어. 심호흡하고 힘을 빼고 웃는 거야. 얼마나 멋지니!

## 브리짓처럼 되지 않으려면

여기서 검토해 봐야 할 게 있어. 너 혹시 이렇게 생각하고 있니? '케이시는 한 입으로 두말하고 있어. 6장에서는 불안을 기꺼이 받아들이라고 하더니, 지금은 마음을 진정시키고 몸에서 힘을 빼라고 하네. 나더러 어쩌라는 거야? 불안을 받아들이라는 거야? 아니면 마음을 편하게 하라는 거야?'

음… 둘 다야. 내가 원하는 건 네가 신체 반응을 조절해서 경보기를 진정시키는 거야. 그리고 네가 두렵고 새로운 상황에 뛰어들기를 원해. 그런 상황에 뛰어들었을 때, 우리는 잠시 불안을 느껴. 그런 일이 생겼을 때, 네가 불안을 받아들이고 불안한 느낌을 네가 조절할 수 있다는 걸 알기를 바라. 놀라서 상황을 더 악화시키는 일 없이 말이야. 무슨 일이 일어나고 있는지 이해하고, 진정 호흡을 하며 근육에서 힘을 빼는 거야. 그리고 너 자신에게 전과는 다른 방식으로 이야기하는 거지. 이 모든 것이 네가 경보기를 진정시키는 데 도움이 돼.

불안을 느낀다고 해서 반드시 경보기를 작동시키게 되는 건 아니야. 왜 그럴까? 불안을 느끼기 시작할 때 네가 무엇을 말하느냐에 따라 모든 게 달라지거든.

예를 들어 볼게. 난 학교 크로스컨트리 팀에 속해 있어. 아주 빠르진 않지만 다른 아이들처럼 경기 자체를 즐기지. 우리는 경기에서 대략 5킬로미터를 달려. 내 친구 브리짓도 우리 팀에 있는데, 나보다 훨씬 빨라. 겁먹지 않을 때는.

난 다른 사람의 행동을 지켜보고 나서 걱정을 조절하는 법을 배울 때가 있어. 그런 모델 중 한 명이 브리짓이야. 브리짓은 하지 말아야 하는 행동을 자기도 모르게 나한테 보여 주지. 몇 번이고 반복해서 말이야.

브리짓이 어떤지 자세히 설명해 줄게. 우리 크로스컨트리 팀은 다른 학교와 경기를 해. 선수들은 경기 시작 한 시간 전에 경기장에 도착해야 해. 우리는 준비 운동을 하고 스트레칭을 하고 물을 마셔. 그리고 수다를 떨며 돌아다니지. 긴장되니까. 그럴 때 브리짓도 우리와 함께하는데, 삼십 분 전까지는 괜찮아. 하지만 그다음부터는 괜히 이리저리 서성대고 손에서 콧물이라도 털어 버리려는 듯이 손을 떨기 시작해. 십 분 전이 되면 이렇게 말하지. "속이 울렁거려. 토할 것 같아. 토하기 싫은데. 메스꺼워. 아, 또 이러네. 안 돼." 계속 이러는데 경기 시작이 가까워질수록 더 심해져. 모든 사람에게 자기가 얼마나 토하는 걸 싫어하는지, 얼마나 토할 것 같은지, 토하면 얼마나 죽고 싶을지에 대해 말하고 다닌다고! 브리짓은 실제로 몇 번 토했지만 멀쩡히 살아 있어.

경기가 시작되면 우리는 힘껏 달려. 5킬로미터를 온 힘을 다해 달리고 나면 녹초가 돼. 그때 브리짓의 타령이 다시 시작되지. "토할 것 같아. 기분이 최악이야. 진짜 싫어. 토하면 난 미쳐 버릴 거야!" 그러면서 울음을 터뜨리고 펄펄 뛸 때도 있어.

그런 브리짓의 모습을 보면서 난 속으로 '경보기가 울린다는 게

저런 거구나.' 하고 말해.

사실은 나도 경기 시작 전에 메스꺼움을 느낄 때가 있어. 긴장하고 초조하니까. 그래서 경기가 있는 날에는 보통 아침을 먹지 않아. 경기를 끝낸 후에도 속이 울렁거리느냐고? 그때는 모든 선수들이 그럴 거야. 기온이 높거나 마지막에 다른 팀 선수를 따라잡으려고 했을 때는 더 심해.

하지만 난 경보기를 울리지는 않아. 안 그래. 경기를 준비하는 동안에 메스꺼움을 느끼면, 돌아다니면서 진정 호흡을 해. 때로는 잔디밭에 누운 채로 근육이 중력을 따라서 땅속으로 가라앉는 상상을 하지. 긴장감이 완전히 사라지지는 않지만, 이건 정상적인 반응이고, 조절할 수 있는 수준에 머물러. 경기가 끝나고 진짜로 토할 것 같은 느낌이 들면, 천천히 걸으면서 심호흡하고 심장 박동이 점차 느려진다고 상상하는 거야. 그러면 가슴속에서 심장 박동이 느려지는 걸 느낄 수 있어. 그다음 속으로 이렇게 말하지.

'야, 나도 토하는 게 싫어. 하지만 난 조절할 수 있지. 난 내 몸을 진정시킬 거야. 속이 조금 울렁거리지만 난 괜찮아.'

## 다음 이야기

크로스컨트리 경기는 재미있어. 물론 결과를 예측할 수 없고, 힘들고, 결승점을 통과하면 토할 것 같을 때가 있지. 하지만 친구들과 함께 웃으며 동료들을 응원하기도 해. 덕분에 친구를 새로 사귀었고, 올해는 기록도 좋아졌어. 그래서 기분이 정말 좋아. 걱정이 날 조종했다면, 아마도 팀에 들어가서 경기에 나가는 일은 없었을 거야. 난 팀에 소속되어 경기에 출전하고 기록을 향상시키고 크로스컨트리를 즐기고 싶어. 고등학교를 졸업할 무렵엔 경기에서 우승도 할 거야. 분명히 새로운 개인 기록도 세우겠지. 난 계속 나아가고 싶어. 그렇게 목표를 갖는 것이 다음 장의 내용이야.

목표가 있으면 계속 나아갈 수 있어. 힘든 도전이나 불안이나 걱정거리에 직면했을 때도 말이야. 그리고 엄마가 통조림 아스파라거스를 먹으라고 할 때나 헬리콥터에서 뛰어내려야 할 때도. 호기심이 생겨? 좋아. 다음 장으로 가자. 우리 계획의 열쇠가 곧 나타날 거야.

---------------------------------------------------------------------------------

# 아스파라거스를 먹고 싶어

*진심으로 원하면 된다*

벤저민과 벤저민의 삼촌 스티브가 놀라운 걱정 조절 방법을 알려 줬어. 나는 상상도 못 한 방법이었지. 영화 예고편에서 으스스한 목소리로 이렇게 말하는 걸 들은 적 있지? "이 영화를 보고 나면, 당신은 ○○○을 다시는 전과 같은 방식으로 볼 수 없다!" 내가 지금 말하는 게 바로 그거야. 내가 걱정에게 전과 같은 방식으로 당하는 일은 다시는 없을 거야.

지난여름 미술 수업에서 처음 만났을 때 벤저민은 열세 살이었어. 벤저민도 나처럼 이야기하기를 좋아해서 우리는 그림을 그리고 조각하고 청소하는 동안 이야기를 많이 나누었어. 우리에게 공통점이 많다는 걸 금세 알게 되었지. 하루는 내가 벤저민한테 수업이 끝나면 친구네 수영장에 가서 수영을 하자고 했어. 벤저민은 내 말이 끝나기도 전에 좋다고 했지. 그러고는 벤저민답게 말을 쏟아 냈어.

"있잖아, 몇 년 전이었으면 난 안 간다고 핑계를 댔을 거야. 엄마가 허락을 안 할 거라든가 갈 데가 있다는 식으로. 열 살 무렵부터 다른 아이들의 집에 가는 게 힘들어졌었거든. 정말 이상했어. 재밌을 것 같아서 정말 가고 싶은데, 가려고 하면 뭔가 걱정이 되는 거야. 예를 들면, 배가 고픈데 내가 좋아하는 음식이 없으면 어쩌지? 재미없는데 엄마가 두 시간 동안 데리러 오지 않으면 어떡한다? 친구 아버지가 무서우면 어떡해? 집에서 냄새가 나면 또 어떡하고? 그런 다음 자신에게 집에 있는 게 낫겠다고 말하는 거야. 친구 집에는 내가 모르는 게 너무 많고 우리 집은 완벽하니까. 한동안 그런 상태로 지냈어."

난 그 뒤로 무슨 일이 있었냐고 물었어. 그걸 어떻게 고쳤는지, 무엇이 변했는지를.

"스티브 삼촌이 나를 데리고 낚시를 하러 갔어. 아마 삼촌이 걱정에 대해 조언해 줄 수 있게 우리 부모님과 함께 계획했던 것 같아. 확실한 건 아니지만. 아무튼 낚시하는 동안 삼촌이 몇 가지 이야기를 해 줬는데, 그게 효과가 있었어. 엄청나게."

내가 병원에서 여자아이를 만났던 거 기억하지? 내 표정은 그때와 같았을 거야. 난 눈 하나 깜박이지 않고 벤저민을 바라보며 고개를 끄덕이고는 말했지. "그래서?"

"스티브 삼촌은 해안경비대원이야. 바다에서 배가 폭풍에 가라 앉거나 뒤집힐 때 사람들을 구조하지. 삼촌과 경비대는 헬리콥터를 타고 폭풍 속으로 들어가서 수색을 해. 그리고 조난당한 사람들을 발견하면 헬리콥터 아래 파도 속으로 뛰어들어. 위험한 일이야. 그 래서 난 언제나 삼촌이 세상에서 가장 용감한 사람이라고 생각했 어. 스티브 삼촌에게 걱정 따위는 없어!"

내가 고개를 끄덕이며 벤저민을 바라보는 모습이 상상이 가니? 난 숨도 제대로 못 쉬었던 것 같아.

"하지만 삼촌은 해안경비대원이 되기 위한 훈련을 시작했을 때 과연 그걸 해낼 수 있을지 자신이 없었대. 고된 훈련이었으니까. 물 에 흠뻑 젖어서 덜덜 떨고 속이 울렁거리고, 목이 마르고 피곤하고 몸이 쑤셨대. 좀 돌려 말하자면, 처음에는 거의 모든 훈련에서 불안 을 느꼈대. 그다음에는 상황이 더 나빠졌어. 삼촌은 바다와 배를 좋 아해서 늘 해안경비대원이 되기를 꿈꿨지만, 자신이 헬리콥터 타기 를 아주 무서워한다는 것을 깨달은 거야. 그래서 수영 구조대원 자 격을 얻고 다음 순서로 헬리콥터에서 거센 물속으로 뛰어드는 훈련 을 받아야 했을 때, 그만두고 싶었대. 헬리콥터를 타는 것만이 아니 라 거기에서 뛰어내려야 했으니 겁에 질렸던 거지!"

"그러게. 벤저민, 헬리콥터에서 폭풍이 부는 바다로 뛰어내리는 건 친구 집에 놀러 가는 것과는 완전히 다르지."

내가 맞장구치자, 벤저민은 폭소를 터뜨렸어.

"그야 그렇지! 하지만 삼촌은 우리의 걱정이 비슷하다는 것을 보여 줬어. 삼촌 말에 따르면, 첫째 우리는 모두 자신한테 중요한 일을 하고 싶어 해. 둘째, 우리는 모두 무서운 일을 피하면 즉시 마음이 편해진다는 것을 알아. 삼촌은 해안경비대를 그만두려고 했고, 나는 집에서 편안히 머무르려고 했잖아. 그만두고 포기하면, 우리는 걱정을 없앨 수 있었어, 그렇지? 아니면 그럴 거라고 우리 자신에게 말했지."

난 고개를 끄덕였어.

"하지만 스티브 삼촌은 자신이 얼마나 해안경비대원이 되고 싶었는지를 말해 줬어. 해안경비대원이 되는 건 고등학교 때부터 삼촌의 목표였지. 해안경비대를 그만두려고 했을 때, 삼촌은 그게 걱정을 멈추는 길이긴 하지만, 자신이 진정으로 원하는 건 아니라는 걸 알았어. 친구 집에 가서 재밌게 노는 것도 나에게는 정말 중요한 일이야. 초대를 거절하고 집에 머물면 당장은 마음이 편하지만, 길게 보면 그건 내가 진짜 원하는 게 아니었지. 외톨이가 되는 건 내가 원하는 게 아니었어."

너도 잘 알겠지만, 겁이 날 때 그 상태를 그대로 두는 건 굉장히 힘든 일이야. 거기서 벗어나고 싶어서 보통은 겁이 나는 건 뭐든 피하게 마련이지. 앞으로 나아가려면, 반드시 목표가 있어야 해. 왜냐면 공포와 정면으로 맞닥뜨렸을 때, 그 너머를 봐야 하거든. 다시 말해, 너는 공포를 넘어섰을 때 너의 삶이 어떨지를 봐야 해.

여기서 퍼즐의 다음 조각이 등장해. '원하는 것을 찾아라.'

원하는 것을 찾아라

케이트, 엘리엇, 벤저민, 스티브 삼촌은 각자 원하는 것이 있었어. 그리고 그것을 이루기 위해 자신이 두려워하는 것에 맞선 거야.

- 케이트는 부모님이 없어도 밤에 겁내지 않고 잘 수 있기를 원했어. 그래서 자신의 잠자리에서 두려움을 극복하는 연습을 했어.
- 엘리엇은 야구공을 치고 경기에서 이기기를 원했어. 그래서 공에 맞을지 모른다는 것을 알면서도 타석에 서서 방망이를 휘두르기로 했지.
- 벤저민은 친구들과 어울리기를 원했어. 이것이 벤저민을 어떻게 바꿔 놓았는지는 곧 알게 될 거야.

• 스티브 삼촌은 해안경비대원이 되기를 원했어. 삼촌이 공포에 맞서서 무엇을 했는지는 잠시 후에 알려 줄게.

　정말로 원하는 것을 찾아내면, 어려운 일을 하려는 마음이 생겨. 정말로 뭔가를 원하면 용기가 생기니까. 내가 이제까지 했던 이야기에서 공통된 주제가 바로 용기야.

　-1장-
• 자전거를 마음 놓고 타고 싶었어.
• 학교 버스 정류장으로 가는 길에 있는 개를 겁내지 않고 지나칠 수 있기를 원했어.
　-4장-
• 워터파크에서 친구들과 놀고 싶었어.
　-5장-
• 병원에서 만난 여자아이는 주사 맞기를 원했어.
• 나도 그랬지.
• 엄마는 너무 많은 일들에 짓눌리지 않게 삶의 속도를 조절하고 싶었어.
• 시험을 잘 보고 싶었어.
　-6장-
• 스펜서 실버는 자신이 발명한 끈적임이 약한 접착제가 쓸모 있기를 바

랐어.

- 아서 프라이는 찬송가책의 책갈피가 제자리에 있기를 원했어.
- 에릭 와이헨마이어는 자신의 능력에 한계를 느끼는 사람들에게 그들이 생각보다 더 많은 것을 성취할 수 있다는 걸 보여 주길 원했어.

－8장－

- 린지와 함께 양키캐논볼을 타고 싶었어.
- 크로스컨트리 경기에 참가하기를, 그리고 우승하기를 바랐어.

넌 뭘 하고 싶니? 진심으로 간절히 원하는 걸 발견하면, 용기가 생겨서 너와 목표 사이에 있는 힘든 일에 도전할 수 있을 거야. 용기를 뭐라고 했는지 기억나? 겁이 나도 어쨌든 해 보는 거였잖아.

좋아, 벤저민 이야기로 돌아가자. 벤저민의 삼촌 스티브는 자신이 해안경비대원이 된 모습을 상상했어. 그렇게 상상하고 나니까 힘이 나서 해안경비대에 들어가기로 마음이 굳어졌지. 삼촌은 자신의 걱정을 조절하는 방법을 알아냈어. 잘 들어 봐. 삼촌의 방법이 바로 내가 너에게 가르쳤던 비법이야. 이해했는지 보자.

"꽉 잡아. 자, 간다!"

"스티브 삼촌은 처음 몇 달 동안 훈련한 뒤, 해안경비대원이 되

려면 불안을 느낄 수밖에 없다는 걸 깨달았어. 헬리콥터에서 뛰어
내리기 전에 열린 문으로 바다를 내려다보며 바람을 맞는 순간에는
걱정하기 마련이란 것도 깨달았지. 걱정을 피할 방법은 없었어. 그
래서 삼촌은 걱정과 함께하기로 했어. 걱정을 환영했다고 할까. 훌
륭한 해안경비대원이 되려면 걱정을 느껴야 하는 거라고 자신에게
말했어. 불안하면 할수록 훈련을 더 잘하는 거라고 말이야.

헬리콥터가 이륙하자 마치 롤러코스터를 탄 것처럼 속이 울렁거렸어. 그때 삼촌은 말했지. '좋아! 이거야!' 드디어 문이 열리고 일렁이는 바다가 보이자 심장이 쿵쾅거리고 발이 떨어지지 않았어. 그때는 이렇게 말했지. '별거 아니네.' 몸을 웅크리고 구토를 하면서도 말했어. '덤벼 봐!' 그리고 바다로 뛰어내려야 하는 순간, 걱정에게 말했어. '꽉 잡아. 자, 간다!' 삼촌은 낚시하다가 샌드위치를 먹을 때 이 얘기를 해 줬어. 난 깜짝 놀랐지! 삼촌은 엄청나게 용감했어. 하지만 걱정하지 않아서 그랬던 건 아니야. 때로는 끔찍한 공포에 떨면서도 걱정을 피하지 않아서 용감했던 거지. 진심으로 훈련을 마치고 싶었기 때문에 걱정과 싸우는 대신 걱정과 함께했던 거야."

삼촌과 하루를 보낸 뒤, 벤저민은 삼촌의 방법을 한번 따라 해 보기로 했어. 정말 친구 집에 가고 싶었거든. 그건 의심의 여지가 없어. 그래서 초대받았을 때 걱정에게 할 말을 연습했어. 심지어 그걸 종이에 적어서 주머니에 넣고 다녔지. 다음과 같은 내용이야.

"야, 걱정아, 우리는 제이슨 집에 초대받았어. 가자. 그래, 나랑 같이 가는 거야. 난 너랑 같이 가고 싶어. 너도 제이슨의 집에서 함께하길 원한다고. 사실 반드시 너와 같이 가야 해. 난 널 조절하는 법을 익힐 작정이니까 네가 있어야 해. 더는 피하지 않겠어. 자, 이제 간다, 덤벼 봐!"

마지막 문장은 스티브 삼촌을 따라 한 거래. 멋져 보여서. 얼마 후 벤저민이 진짜로 초대를 받았을 때 예상대로 걱정이 나타났어. 어느 날 아침 학교에서 벤저민의 친구 제이슨이 이렇게 말한 거야. "야, 학교 끝나고 우리 집에 갈래?" 벤저민은 재빨리 대답했어. "그래, 갈게. 재밌겠다."

그날 벤저민은 종이를 세 번 꺼내서 미리 적어 놓았던 글을 여러 번 읽었어. 학교가 끝나고 제이슨의 집에 가는 길에 역시나 걱정이 나타났지. 종이는 여전히 주머니 안에 있었어. 제이슨의 집에서 이십 분 정도 논 후, 벤저민은 기분이 그럭저럭 괜찮긴 해도 썩 좋지는 않았어. 그래도 한 시간을 더 있다가 집에 왔지. 그리고 스티브 삼촌에게 전화를 걸어서 음성 메시지를 남겼어. "훈련 중"이라고 말이야. 멋지지 않니?

7장의 퍼즐 조각 기억나? '의심과 불안을 기꺼이 받아들여라.' 이상한 소리로 들린다는 건 나도 인정해. 하지만 일단 이런 태도의 장점을 이해하면, 스티브 삼촌과 벤저민이 그랬듯이 너도 확 달라질 거야. 스티브 삼촌은 벤저민에게 걱정을 초대해서 훈련의 일부로 만드는 법을 가르쳤어. 왜일까? 왜냐면 벤저민이 친구 집에서 놀고 싶어 했기 때문이야. 그러려면 벤저민은 친구 집에서 어떤 일이 생길지 모르는 상태를 견딜 수 있어야 했어. 원하는 것을 알고, 그것을 얻고자 한다면, 어려움을 기꺼이 참고 견뎌 내야 해.

스티브 삼촌은 그런 경험이 있기 때문에 벤저민을 가르칠 수 있었어. 삼촌은 자신이 가장 원하는 것을 알고 있었지. 해안경비대원이 되는 것 말이야. 그리고 목표를 이루는 데 필요한 것은 걱정을 없애 주는 마법 약이 아니라 걱정을 훈련의 일부로 만드는 일이라는 걸 알았어. 삼촌은 걱정과 불안이 자신으로 하여금 목표를 향해 한 발 더 나아가게 만드는 과정을 헬리콥터 낙하 훈련으로 우리에게 보여 준 거야. 예상하고, 걱정하고, 외면화하고, 이야기했어. 그리고 의도적으로 그걸 계속 반복했어!

이쯤에서 복습을 해 볼까. 걱정을 조절하는 새로운 방법을 배울 때면, 걱정은 어김없이 나타나. 새로운 것을 시도하는 건 걱정을 나타나게 하는 좋은 방법이지. 네가 진심으로 해내고 싶은 것을 고르면, 걱정에 도전해 볼 마음이 더 많이 생길 거야.

낯선 방법으로 들리겠지. "응?"이라고 혼잣말을 하며 혼란스러워할지도 모르겠다. 하지만 멈추지 말고 계속 읽어 봐. 아직 설명할 게 남았어.


## 아스파라거스와 씨름하기

살다 보면 일이 술술 풀릴 때가 있잖아. 우리 동네에 사는 게 그래. 난 태어난 뒤로 우리 집에서 쭉 살아왔고, 우리 동네는 늘 그럭

저럭 괜찮은 동네였어. 그런데 6학년 여름에 두 가족이 새로 이사를 오고 나서 모든 것이 달라졌어. 엘리엇과 어울릴 남자아이들, 그리고 나와 어울릴 여자아이들이 생긴 거야. 팔마티에네 집 뒷마당에서 영화를 보며 밤을 보내고, 길 건너에 있는 운동장에서 발야구를 했어. 말다툼도 줄어들고, 동네 어른들은 우리 모두를 자기 자식인 듯 대했어. 우리는 남의 집을 제집 드나들듯 했지.

이 얘기를 하는 건 우리 계획에 아주 중요한 사건이 일어났기 때문이야. 지난가을, 우리는 동네 아이들 모임에 가기로 되어 있었어. 일요일 오후에 오도넬의 지하실로 말이야. 왜 하필 지하실이냐고? 왜냐면 사라와 에이드리언의 아버지가 거기서 우리만을 위한 작은 집을 만들어서 뒷마당으로 옮겨 주기로 했거든. 난 잠시도 기다릴 수가 없었어! 그런데 그때 문제가 생겼지.

일요일에 집에서 점심을 먹는데 엄마가 평소와는 다른 음식을 하나 내놓았어. 바로 아스파라거스야. 넌 지금 가게에서 묶음으로 파는, 솥에 쪄서 버터를 곁들인 아스파라거스를 떠올리겠지만, 그런 게 아니었어. 엄마가 내놓은 건 통조림 아스파라거스였다고. 넌 아마도 통조림 아스파라거스를 만나는 고통을 느껴 본 적이 없을 테니 내가 설명해 줄게. 부드러워. 심지어 물컹거리지. 끈적끈적하고. 냄새가 지독해서 속이 울렁거릴 정도야.

"저리 치워요. 난 안 먹을래. 역겨워."

내가 잘못했지. 엄마는 내 말에 모욕감을 느꼈고, 줄다리기가
시작됐어.

"모임에 가고 싶으면 아스파라거스를 다 먹어."

엘리엇은 이쯤은 식은 죽 먹기라고 생각했는지 자기 몫을 전자
레인지에 돌려서 그 뜨겁고 김이 나는 걸 단숨에 먹어 치웠어. 나
는? 난 아스파라거스 한 조각을 잘라서 포크로 찍은 다음 노려봤
어. 그리고 입안에 넣었는데 구역질이 났어.

너무 끈적끈적해서 먹을 수가 없었어. 헛구역질을 했지. 난 울
음을 터뜨렸어. 똑딱똑딱, 시간은 흘러가고 난 감정이 격해졌어. 그

상황을 빠져나가 보려 했지만 소용없었어. 사십오 분이 지났어. 난 집짓기 모임에 꼭 가고 싶었어. 거기에 빠지는 건 상상할 수조차 없는 일이었지. 하지만 그 끈적끈적한 녹색 음식은 역겨워서 도저히 먹을 수 없었어.

그때 갑자기 머릿속에서 어떤 메시지가 떠올랐어. 어디서 튀어나왔는지는 모르겠지만, 지금도 머릿속에서 그 목소리를 들을 수 있어. "난 아스파라거스를 먹고 싶어." 그 순간 식탁에서 벌떡 일어나 냉장고에서 핫도그 빵을 꺼낸 다음 빵 사이에 아스파라거스를 넣고 그 위에 치즈를 올렸어. 그리고 그걸 오븐에 구웠어. 다 구워지자 머스터드를 뿌린 다음 아스파라거스 핫도그를 게 눈 감추듯 먹어 치웠지. 그러고는 문을 열고 달렸어. 동네에서 제일가는 아이들만의 집을 만들기 위해서.

이상하게 들리니? 어떻게 그런 생각이 떠올랐는지 나도 잘 모르겠어. 하지만 이것만은 말할 수 있어. 그 생각이 내 삶을 바꿨어. 정말이야. 겁먹어서 움츠러들 때, 그날 배웠던 것을 떠올리기만 해도 그런 상황에서 벗어날 수 있어.

난 이제 그 방법을 걱정과 함께 하는 게임으로 여기고 있어. 그날 내가 사용했던 게임 전략을 말해 줄게. 너에게도 도움이 될 거야. 약간 묘하지만, 아주 논리적이야. 난 모임에 가고 싶었어. 간절히 가고 싶었지. 그런데 날 가로막은 건 아스파라거스가 먹기 싫다는 사실이었어. 모임에 가려면 그걸 먹어야 하는데 그렇게 하지 못한 거지. 그래서 먹어 보려 했지만 견딜 수가 없었어. "저리 치워요. 난 안 먹을래. 역겨워." 난 역겹다는 점에만 집중했어. "못 먹겠단 말이야!" 난 자신과 싸우고 있었지. 나 자신과 싸워서 어떻게 이길 수 있을까?

그때 갑자기 난 마음을 바꿨어. 아스파라거스를 먹고 싶다고 마음먹은 거야. 이 방법이 왜 효과적이었을까? 내가 가고 싶은 모임에 가려면 반드시 그걸 먹어야 했기 때문이야. 먹고 싶다고 마음먹자마자 난 자신과의 싸움을 그만두고 역겨운 아스파라거스를 먹는 일에만 온정신을 집중했어. 서로 대립하는 두 가지 메시지 대신에 한 가지 메시지만을 계속해서 두뇌에 보냈지. 이 방법이 즉시 효과를 발휘해서 내가 아스파라거스를 먹기 위해 해야 할 일을 알아내게 된 거야.

좋아, 좀 더 자세히 설명해 줄게. 난 아스파라거스가 맛없다고 생각했어. 심지어 싫어했지. 정말로 먹고 싶지 않았어. 모임에 갈 다른 방법이 있었다면, 그걸 택했을 거야. 그런데 내가 원했던 게 뭐였니? 내가 모임에 가기 위해 해야 할 일이 있었어. 그날 내가 해야 할 일은 끈적끈적한 아스파라거스를 먹는 거였지. 그걸 원하는 일로 여기면서 난 재빨리 기발한 방법을 알아냈고, 그랬더니 해야 할 일이 쉬워진 거야. 다시 말해, 해야 할 일을 원하는 일로 바꾼 것이지.

생각해 봐. 벤저민의 삼촌 스티브는 진심으로 해안경비대에 들어가기 원했어. 그 목표를 이루려면 반드시 헬리콥터에서 뛰어내려야 했지. 목표를 이루기 위해 그렇게 위험한 일을 해야만 했던 거야. 그래서 공포와 싸우며 시간을 낭비하는 대신 공포를 받아들여서 함께하기로 했던 거지. 그게 목표를 이루기에 가장 효과적인 방법이었기 때문이야. 게다가 삼촌은 목표를 이루기를 간절히 원했지. 그래서 해야 할 일을 원하는 일로 바꾼 거야.

벤저민은 어떻고? 벤저민은 친구 집에 놀러 가기를 두려워했어. 하지만 그 두려움을 원하기로 마음먹었지. 그걸 원하지 않으면 제이슨의 초대를 거절해야 했으니까. 그날 제이슨의 집에 꼭 가야 했던 건 아니야. 안 간다고 하고 집에서 마음 편히 머물 수도 있었지. 하지만 벤저민은 다른 아이들의 집에 가는 걸 참아 낼 수 있기를 진심으로 원했어. 그래서 그날 연습을 시작하기로 했던 거지. 자신의 두려움을 받아들인 거야.

그리고 난 동네 아이들 모임에 가기를 원했어. 그곳에 가려면, 기괴하고, 끈적거리고, 역겨운 아스파라거스와 싸우는 걸 멈춰야 했지. 그래서 난 싸우는 대신 그걸 내 배 속으로 기꺼이 받아들였어. 그런 식으로 스티브 삼촌은 해안경비대원이 됐고, 벤저민은 제이슨 집에서 재밌게 놀았고, 난 멋진 동네 어린이 집을 만드는 걸 도운 거야.

## 단계를 밟으면 목표를 이룰 수 있어

앞으로 나아가기를 원한다면, 다시 말해 목표를 이루기를 원한다면, 그걸 위해 해야 하는 일은 뭐든 하고 싶어 해야 돼.

사실 우리 아이들은 늘 그렇게 하고 있어. 우리는 재밌게 놀기를 원해. 이게 목표야. 그래서 재밌게 놀기 위해서라면 뭐든 하지. 예를 들어, 네가 친구와 새로 나온 영화를 보기 원한다고 해 봐. 영화를 보려면 여러 단계를 거쳐야 해.

• 집에서 제시간에 나가기를 원한다.
• 친구와 자전거를 타고 영화관으로 가서 같이 즐기기를 원한다.
• 음료와 팝콘을 사고 제시간에 자리를 찾아가서 영화 예고편을 빠짐없이 다 보기를 원한다.

이런 행동을 하는 이유가 뭘까? 영화가 끝났을 때 친구에게 "재밌네!"라고 말하기를 원하기 때문이지.

친구 초대하기, 제시간에 집에서 나가기, 표를 사기 위해 줄 서기, 자기 자리 찾기. 이 모든 것들이 네가 원하는 것, 바로 재미를 얻는 데 도움이 되는 거야.

이걸 생각해 봐.

- 제시간에 집에서 나가기를 원할 때, 넌 그것을 달성하기 위해 할 수 있는 모든 것을 해. 꾸물거리지 않지.
- 자기 자리를 찾기 원할 때, 넌 열심히 그 자리를 찾아다니게 돼.

**곰곰이 생각해 봐. 결론이 뭘까? 다음이 논리적인지 한번 따져 봐.**

1. 어딘가로 가기 원한다면, 그곳으로 가기 위한 모든 단계를 밟아야 한다.
2. 그리고 그 단계를 기꺼이 밟고자 하면, 그 단계가 쉬워진다.
3. 그리고 별 탈 없이 목표를 달성하게 된다.

그럴듯한 것 같아? 친구와 영화관에 가고 싶다면, 집에서 제시간에 나와야 해. 네가 제시간에 나가고 싶어 할 경우, 이 단계는 식은 죽 먹기가 되지. 만약 아이스크림을 전부 먹어 치우고 싶다면, 그것도 간단해. 하지만 아이스크림 먹기는 쉬운 일이야. 그런데 우리는 쉬운 일을 하려는 게 아니라 어려운 일을 하려는 거잖아. 우리 이야기 좀 해 보자.

**너**　　그래, 어려운 일을 해야 할지도 모르지. 하지만 도대체 내가 왜 어려운 일을 하고 싶어 하겠어?

**나**　　그래야 목표를 이룰 수 있거든. 목표를 이루려면 힘든 일을 해야 해.

**너**  그래, 좋아. 해야겠지. 하지만 그걸 좋아해야 할 필요는 없잖아.

**나**  하지만 네가 태도를 바꿔서 내 말대로 해 보면 알게 될 거야. 해야 하는 일을 진심으로 원하면, 힘든 일이 쉬워진다는 사실을 말이야. 어차피 해야 하는 일이면, 최대한 쉽게 하는 게 좋지 않겠니?

**너**  그런가?

**나**  좀 묘한 생각이니까 내가 다시 한번 천천히 말해 줄게. 어차피 해야 하는 일이면, 최대한 쉽게 하는 게 좋지 않겠어? 힘든 일을 굳이 더 힘들게 만들 이유가 없잖아?

그래, 여전히 의심스럽겠지. 너의 논리에 어긋나니까 기존의 방식대로 세상을 보고 싶을 거야. 너 이렇게 생각하지? '불쾌한 경험을 원하는 사람이 어디 있어? 정말 말도 안 되는 소리잖아.' 하지만 너의 논리에 흠이 있을지도 몰라.

• 좋은 점수를 원하지만, 공부하기는 싫지?
• 용돈은 원하지만, 집안일은 하기 싫지?
• 밴드에서 연주하고 싶지만, 기타 연습은 하기 싫지?

• 친구를 사귀고 싶지만, 누군가에게 영화 보러 가자고 하기는 싫지?

목표에 도달하려면 단계를 밟아야 해. 각 단계를 차근차근 밟아 가다 보면, 목표에 더 빠르고 더 쉽게 도달할 수 있어.

## 최고의 선물

상상해 봐. 계단 꼭대기에 네가 일 년 내내 바라던 생일 선물이 있는 거야. 네가 가져가기만을 기다리면서. 그런데 계단이 엄청나게 높아. 다리를 한껏 뻗고 온 힘을 다해야 겨우 계단 하나를 오를 수 있을 정도로. 계단 몇 개를 오르려면 다리를 올린 채로 계단에 매달려서 몸을 끌어올려야 해. 한 계단 올라 보니까 어때? 힘들다고 그냥 앉아서 포기하는 모습을 상상하는 건 아니니? 어떤 방법으로도 이건 힘든 일이야. 힘들어도 계속 올라가고 싶어? 기꺼이 땀을 흘려서 거대한 계단을 다 오르고 싶니? 당연히 오르고 싶지? 꼭대기에 있는 선물을 갖고 싶을 테니까.

하지만 선물 말고 얻는 게 또 있어. 힘들더라도 계단 하나를 오르려고 할 때, 넌 온 힘과 정신력을 그 계단에 집중한다는 거야. 모든 노력을 기울여서 최대한 빠르고 효과적으로 그 계단을 오르는 거지. 한 계단을 지나면 그다음 계단을 오르기는 더 수월해. 계단

하나를 오를 때마다 점점 더 꼭대기에 가까워지니까. 거기서 선물
이 널 기다리고 있지.

　중요한 걸 얻으려면 반드시 노력해야 해. 에릭이 세계 7대 봉을
올랐을 때처럼. 노력한다는 건 일을 한다는 거야. 힘을 모아서 목표
에 쏟아붓는 거지. 그게 목표를 달성하는 유일한 방법이야. 좋은 점
수를 받고 싶을 때, A 학점만 있는 성적표를 잠시 상상해 볼 수 있
어. 그런데 이건 너무 쉽지? 하나도 힘이 들지 않아. 정말로 원하는
걸 이루려면, 모든 소망과 힘을 한데 모아 **목표를 이루기 위한 행동**

을 해야 해. 좋은 점수를 받고 싶으면, 해야 하는 건 공부야. 노력하고 땀 흘려야 한다고.

난 사과 파이를 정말 좋아해. 그래서 리사 이모한테서 요리법을 배웠어. 파이가 정말로 먹고 싶을 때, 따뜻한 파이를 포크로 떠서 입에 넣는 상상을 하는 건 너무나 쉬워. 얇은 껍질 안에 부드러운 속이 있고, 사과는 달콤하지. 위쪽엔 내가 제일 좋아하는 바닐라 아이스크림 한 숟가락이 있고. 하지만 상상 속 파이가 아니라 진짜 수제 파이를 맛보고 싶다면, 단계를 밟아야만 해. 사과 껍질을 벗기고, 반죽을 만들고, 반죽을 펴고, 재료를 전부 올려야지. 이건 시간과 노력을 들일 가치가 있는 일이야. 그래야 파이가 완성되니까. 갑자기 파이 먹고 싶다!

네가 "난 이걸 하고 싶지 않은데, 해야만 해."라고 말한다면, 내 말은 별로 도움이 안 돼. 그러니까 내가 다시 한번 말할게. 어딘가에 가고 싶으면, 그곳으로 향하는 단계를 빠짐없이 밟고 가야 해. 기꺼이 한 걸음씩 단계를 밟고 나면, 발걸음이 점점 가벼워질 거야.

다른 예를 들어 보자. 너희 아빠가 "점심때까지 방 청소 안 하면, 이번 주 용돈은 없다."라고 하는 거야. 넌 뾰로통해져서는 발을 질질 끌며 방으로 가서 엉망진창인 방을 보겠지. "청소를 왜 하라는 거야. 내 방인데 무슨 상관이람."이라고 툴툴거릴 거야. 한숨을 푹 쉰 다음 느릿느릿 어질러진 것을 치워 놓을 자리를 찾겠지. 그러고는 잠시 침대에 눕는 거야. 아래층에서 "점심 먹어!"라는 소리가 나면, 침대에서 마지못해 일어나 청소를 마치겠지. 일단 방에서 나가기 위해 빨랫감을 장롱에 넣고 책이며 종이며 쓰레기를 침대 밑에 던져 넣은 것을 부모님이 눈치채지 못하길 바라면서 말이야.

같은 상황에서 네가 다르게 행동한다면 어떨까? 너희 아빠가 "점심때까지 방 청소 안 하면, 이번 주 용돈은 없다."라고 했어. 넌 뾰로통해져서는 발을 질질 끌며 가서 엉망진창인 방을 보겠지. 그런데 '좋아, 청소를 하자. 이왕이면 제대로 하는 게 낫지.'라고 생각하는 거야. 음악을 틀어 놓고 방 안을 둘러본 다음 어질러진 방을 어떻게 치울지 계획을 세워. 그리고 장롱에서 빨래 바구니를 꺼내지. 일종의 게임을 한다고 여기는 거야. '청소를 하려면 몇 단계를 거쳐야 하는지 보자.'는 생각으로 방바닥에 널린 옷가지를 주워 바구니에 넣어. 그다음 침대에 엎드려서 침대와 벽 사이에 낀 더러운 옷을 꺼내 바구니에 넣는 거야. 하지만 아직 한 단계도 끝낸 게 아니야. 네가 좋아하는 음악과 함께 게임은 계속돼. 청소가 끝날 때까지 말이야. 그리고 "점심 먹어!" 소리가 들리는 거지.

여기서 질문을 해 볼게. 넌 어느 장면이 더 마음에 드니? 어느 장면에서 더 많은 걸 얻었지? 마지막으로, 어느 장면에서 청소를 먼저 끝냈지?

어렵지만 흥미로운 과목을 진심으로 배우고 싶다면, 온 힘을 다해서 몰두해야 해. 다시 말해, 수업 시간에 집중하고, 헷갈릴 때는 선생님께 물어보고, 더 재밌는 일이 있을 때도 공부를 해야 한다고. 이 세 가지에 집중하기 위한 가장 좋은 방법은 자신에게 이렇게 말하는 거야. "난 수업에 집중하고 싶어.", "난 선생님께 물어서 이걸 이해하고 싶어.", "난 지금 공부를 하고 싶어." 그리고 진심으로 그렇게 바라야지.

그래, 물론 "난 이걸 하고 싶지 않아."라는 생각도 들긴 할 거야. 하지만 그 목소리가 커지게 하면 안 돼. 그 목소리는 모든 걸 힘들게 만들 뿐이거든.

네가 밴드에서 기타를 연주하는 걸 진심으로 바란다고 해 보자. 간절히 원한다고 말이야. 그리고 그 목표를 이루려면 매일같이 연습해야 한다는 걸 확실히 알게 된 거야. 연습할 때 다음 두 가지 메시지 중 어떤 것이 도움이 될까?

• 연습하기 싫어, 하지만 해야 해.
• 연습은 힘들지만, 하고 싶어.

어떤 생각이 밴드에서 연주하겠다는 목표에 도움이 될까? 더 재밌는 일이 있을 때도 네가 연습하도록 만드는 건 어떤 생각일까?

하고 싶다는 태도로 뭔가를 했을 때, 노력의 대가로 네가 얻을 수 있는 것은 다음과 같아.

- 무언가를 하고 싶다고 생각하면, 그것과 싸우기를 멈추게 돼서 그 일을 하는 데 더 많은 에너지를 쏟아부을 수 있어.
- 하고 싶다고 생각하면, 그 일을 할 때 생기는 불안을 더 잘 조절할 수 있어.
- 하고 싶다고 생각하면, 너의 두뇌는 그 일을 하기 위한 창조적인 방법을 생각해 내.

하지만 내 말을 무작정 받아들이지는 마. 네가 직접 해 봐야 해. 학교에서 지루하거나 따분한 시간을 골라. 그런 시간일수록 십오 분 동안 선생님 말씀에 일부러 집중해 봐. 거기에 정신을 집중하고 싶다고 마음먹는 거지. 정신을 또렷하게 만들 너만의 방법을 찾아내.

이것도 해 봐. 네가 평소에 싫어하는 집안일이 있지? 아마도 지루하거나 힘든 일 거야. 그런 집안일을 덜 지루하거나 덜 힘들게 만들기로 마음먹어 봐. 집안일을 즐기며 할 수 있는 너만의 방법을 알아내(집안일을 하며 노래를 부르는 것도 좋은 방법이야). 아니면 빠르고 쉽게 할 방법을 생각해 봐(집 안에 있는 휴지통을 비우러 돌아다닐 때 최소 몇 걸음을 걷게 되는지를 세어 보는 건 어때?). 아니면 완전히 새로운 방법을 발명하는 거야(진공청소기를 사용해서 카펫 위를 온통 대각선 무늬로 채울 방법을 생각해 볼 수도 있지). 너의 능력을 시험한다는 생각으로 새로운 방법을 찾아내 보는 거야.

이 실험을 해 볼 생각이 있다면, 내가 세 가지 조언을 해 줄게.

1. 적절한 이유가 있으면 의욕이 생겨. 그러니까 뭔가를 '하고 싶게' 만드는 적절한 이유가 있어야 해. 이런 실험을 할 때는 '왜냐면 어떤 일이 생길지 알고 싶거든.'이 좋은 이유가 될 거야. 호기심을 가져 봐.

2. '난 …을 하고 싶어.'라고 생각할 때는 진심으로 그렇게 믿어야 해. 그런 척하거나 말로만 해서는 안 돼. 왜 그럴까? 쉰 살이 될 때까지 그런 척만 할 수는 없거든. 그저 몇 분 동안만 그럴 수 있어. 몇 분도 아깝지 않니?

3. "난 이걸 하고 싶어."라는 말을 매번 다섯 번에서 열 번 반복해야 해. 그렇게 하지 않으면, 멍해져서 평소에 하던 대로 행동하게 될 거야.

이 실험을 해 보고 나면, 아마도 넌 이렇게 말하게 될걸.

"흥미로운데? 수업에 집중하기로 하니까 시간이 훨씬 빨리 지나가는 것 같아."

"휴지통을 비울 때 최소 몇 걸음을 걷는지 세니까 전보다 짜증이 덜 났어."

다시 말하자면, 하고 싶다는 태도를 가지면 별로 재미없는 일이 별로 힘들지 않은 일로 바뀐다는 거야. 그러면 넌 이 방법이 가장 힘든 일을 할 때 어떻게 도움이 되는지를 알아볼 준비가 된 셈이지.

## 다음 이야기

지금까지 너에게 걱정을 조절하는 법을 가르치면서 여러 이야기를 했어. 난 네가 각 장에서 배운 내용을 기억했으면 좋겠어. 그래서 벤저민, 스티브 삼촌과 해안경비대, 워터파크 등등에 대해 이야기한 거야. 내가 드레스에 토했던 일이나 브리짓이 크로스컨트리 시합에서 겁에 질린 이야기도 있었지. 읽자마자 내가 해 준 말을 잊어버리면 아무 소용이 없어. 난 내 이야기를 통해 네가 걱정을 조절하는 새로운 방법을 알게 되기를 바라. 그런 방법을 기억하고 있으면, 네가 나중에 그걸 직접 시험해 볼 수 있어. 내 말이 맞지? 확실히 맞아. 배우고, 기억하고, 나중에 해 보는 거야. 간단하잖아. 난 걱정이 좀 색다른 규칙을 따른다는 걸 알아냈어. 걱정은 네가 잊어버리기만을 기다리고 있어. 그렇게 오랜 기간은 아니었지만, 나도 너처럼 계속 잊어버리곤 했지. 아무튼 계속 읽으면, 앞으로 정어리와 젤리빈 피자를 만드는 일은 절대 없을 거야.

# 미끄럼틀 탈까, 사다리 탈까

## *과거와 현재를 잇자*

'미끄럼틀과 사다리'라는 보드게임을 해 봤니? 꽤 오래된 게임인데, 다른 보드게임처럼 주사위를 던져서 말을 결승점까지 움직이는 게임이야. 말이 사다리 밑에 도달하면, 사다리를 통해 칸을 훌쩍 건너뛰어서 결승점으로 갈 수 있어. 기분 좋지. 반면에 거대한 미끄럼틀 위에 도달하면, 휭 하고 뒤로 미끄러져서 그때까지 따낸 칸을 다 잃게 돼. 이건 최악이야.

솔직히 말하면, 난 처음부터 다시 시작하는 걸 별로 좋아하지 않아. 한번은 쿠키를 만들다 실수로 설탕 대신 소금을 넣는 바람에 반죽을 전부 버리고 다시 만들었던 적이 있어. 우리 엄마는 몇 달 전에 화장실에 파란색 페인트를 칠하다가 마음에 들지 않아서 중간에 하늘색으로 다시 칠을 했지. 이런 건 정말 짜증이 안 날 수가 없어.

다시 시작해야 했던 일을 말하자면 끝이 없어. 너도 분명히 그럴 걸. 완벽한 사람이 아니라면 실수하고, 뭔가를 깜박하고, 참치 캔을 따려다 고양이 사료 캔을 따기도 해. 나도 그런 적 있어. 그런데 어떤 사람들은 일부러 처음부터 다시 시작해서 명성을 얻기도 해. 의학 연구자, 새로운 자동차나 장난감 개발자, 요리 연구가, 작가, 만화가 들이 그렇지. 이런 사람들은 "다시 원점으로!"라는 말을 자주 해. 넌 이 표현이 어디에서 나왔다고 생각하니?

네가 아직 잘 모르는 게 있는데, '처음부터 다시 시작하기'에는 두 가지 방식이 있어. 이 책은 걱정 조절 방법을 다루고 있으니까, 그중 한 가지 방식이 네가 살아가는 데 도움을 주는 것이라고 짐작할 수 있을 거야. 다른 한 가지 방식은 뭘까? 이건 나 케이시의 효과적인 걱정 조절 위원회의 승인을 받지 못한 방식이야. 두 방식은 어떤 점이 다를까? 네가 지금까지 배운 것을 기억하느냐 아니면 잊어버렸느냐에 따라 달라.

예를 들어 달라고? 좋아. 두 가지 예를 준비했어.

상상해 봐. 아이들이 매일 저녁 식사 후에 알파벳을 잊어버려서 매일 'A'부터 다시 배워야 한다면 학교가 어떻게 될까? 아마도 'H'를 넘어가기 힘들걸. 또는 어떤 요리사가 깜짝 놀랄 만큼 새로운 피자 토핑을 개발하려 한다고 해 보자. 요리사는 젤리빈과 정어리를 얹어 보고 나서 이건 아니라고 결론 내려. 그런데 다음 날 자기가 해 봤던 걸 잊고는 이렇게 말하는 거야.

"새로운 아이디어가 떠올랐어. 이번엔 정어리와 젤리빈을 얹어 볼까?"

걱정이 나타나면 전에 경험한 것을 종종 잊게 돼. 소방 훈련을 했던 일이나 병원에 갔던 일, 작년의 등교 첫날 같은 것들을 말이야. 넌 새로운 것을 해 보고 앞으로 나아가려고 하고 있어. 그런데 걱정이 널 지배하면, 모든 것을 완전히 새로 시작하는 느낌이 들지. 'A'로 돌아가게 되는 거야.

걱정이 널 지배하지 않을 때도 다시 시작해야 할 때가 있어. 우리 모두 그렇게 해! 하지만 이럴 때는 여태까지 배운 것을 활용해서 다시 시작하는 거야. 네가 잘하는 것, 또는 공포나 걱정거리를 조절했던 경험을 너 자신에게 이야기해 봐. 네가 알아낸 것을 활용해서 변화를 끌어내. 그러면 그런 일들에 관한 기억이 쌓여서 도움이 되는 경험이 될 거야.

에릭 와이헨마이어는 로프를 사용해서 암벽을 등반하는 법을 배웠어. 요세미티 국립 공원에 있는 엘 카피탄 산을 오르는 일은 엄청나게 힘들어. 하지만 에릭은 전에 쉬운 산을 등반하면서 익힌 모든 기술을 동원해서 정상을 정복했지. 그 후에는 암벽 등반 기술을 사용해서 히말라야 산맥에 있는 로사 폭포의 빙벽을 등반했어. 그러니까 우리는 전에 배운 기술을 기억한 다음 새로운 일을 할 때 그걸 활용해야 해.

당연한 일이지만, 난 이 내용을 배워야 했어. 4학년이 되었을 때 새 학년에 적응하느라 애를 먹었고 나 자신과 이야기하는 법도 몰랐어. 지금도 어제 일처럼 생생히 기억나. 매일 밤 숙제를 하려고 책상 앞에 앉으면 처음부터 다시 시작하는 기분이 들었어. 내 걱정 때문에 엄마와 나는 온갖 고생을 다 했지. 결국엔 해결했지만 시간이 걸렸어. 내 이야기가 익숙하게 들리는지 한번 들어 봐.

## 기억 다리

4학년 때 담임인 오셔 선생님은 얼굴에서 웃음이 떠나지 않는 분이었어. 소리 지르는 법이 없으셨는데도 우리는 늘 선생님 말씀에 귀를 기울였지. 모두가 오셔 선생님을 좋아했어. 개학한 지 이틀째 되던 날에 선생님은 4학년은 이제까지와는 좀 다를 거라고 말씀하셨어. 우리가 나이를 한 살 더 먹었기 때문에 숙제가 많아질 것이고 책임감을 더 가져야 한다고 하셨지. 게다가 시험도 보고 집에서 글쓰기 숙제도 해야 한다고 하셨어.

돌이켜 보면, 바로 그때 숙제에 대한 걱정이 시작된 것 같아. '난 못 해! 그런 건 한 번도 해 본 적 없어! 나더러 어쩌란 말이야!' 걱정에 온통 신경이 쏠려서 그다음에 선생님이 무슨 말씀을 하셨는지는 제대로 듣지도 못했어. "아직은 어떻게 하는지 모를 거야. 하지만 같이 하나씩 배워 가면 돼. 새로운 것을 배울 준비를 하고, 그럴 때 하게 마련인 실수에도 대비하자!" 당연히 선생님은 웃으며 말씀하셨지. 그리고 당연히 난 주의를 기울이지 못했어.

걱정은 내가 모든 것을 완벽하게 해야 한다고 말했어. 약속대로 선생님은 숙제를 내줬고 난 식탁에 몇 시간씩 앉아서 모든 글자를 완벽하게 쓰려고 했지. 수학 문제를 완벽하게 풀었는지 확인하고 또 확인했어. 그리고 이해하지 못한 것이 있으면, 울면서 엄마한테 소리를 질렀지.

엄마는 이런 날 내버려 두지 않았어. 선생님께 전화를 했고, 선생님은 내가 잘하고 있다고 하셨지. 선생님은 학교에서 나하고도 직접 이야기를 나누었는데, 나를 포함해서 모든 학생이 실수를 할 거라 예상한다고 하셨어. "넌 공부하고, 글을 쓰고, 시험 보는 법을 이제 막 배우기 시작했잖니." 난 다른 아이들이 학교에서 실수하는 모습을 봤고, 어떤 아이들은 숙제를 끝내지 못한다는 것을 알게 되었어. 오서 선생님이 미소를 지으며 아이들을 격려하는 모습을 보았지. 나도 학교에서 실수를 했지만 선생님은 내가 실수를 바로잡도록 다정하게 도와주셨어. 그렇게 난 4학년 수학을 하나씩 차근차근 배워 나갔어. 시험 점수는 대체로 좋았어. 점수가 나빠도 소리를 지르거나 혼내는 사람은 없었어.

하지만 밤이 되고 오서 선생님이 곁에 없으면 걱정이 다시 날 조종했어. 걱정은 완벽하지 않으면 큰일 날 거라고, 내가 4학년 공부를 마칠 수 없을 거라고 했어. 난 걱정거리 때문에 좌절감을 느끼고 울면서 숙제를 찢어 버리기도 했어.

어느 날 밤 난 탁자에 앉아 있다가 울음을 터뜨리며 펜을 집어 던졌어. 엄마는 내가 밤만 되면 짜증을 내는 걸 알고 있었기 때문에 숙제는 그만하고 방에 들어가 쉬라고 했어. 난 엄마한테 내가 멍청하다고 소리를 질렀어. 아무것도 배울 수 없다고 말이야.

엄마는 내 가방을 들어서 지퍼를 확 열었어. 숙제 폴더를 집어 들고서 그중에서 종이 두 장을 꺼내 내 앞에 내밀었어. 하나는 철자 시험지였어. 세 문제를 틀렸지만 선생님의 도움을 받아서 고쳤었지. 시험지 위에는 선생님의 빨간 글씨가 적혀 있었어. "시험 볼 때마다 나아지네!" 옆에 웃는 얼굴까지 그려 놓으셨지. 다른 종이는 수학 숙제였어. 문제를 다 맞혀서 내 이름 옆에 별이 그려져 있었지.

엄마는 날 안심시키려고 했어.

"내가 몇 번을 말했니. 넌 지금 배워야 할 것을 배우는 중이고,

실수는 배움의 일부야. 전에도 말했지만 '사람은 완벽할 수 없어.' 넌 훌륭한 학생이야. 그런데 책상에 앉아서 숙제만 하려고 들면 그 사실을 잊어버리고 있어. 어떻게 하면 그걸 까먹지 않을 수 있겠니?"

난 할 말이 없었어. 그날 밤은 몹시 괴로웠지. 난 잘하고 있으면서도 계속 4학년 과정을 감당할 수 없다고 말하고 있었어. 어떻게 해야 선생님의 칭찬과 엄마의 위로를 마음속에 새길 수 있을까? 내가 뭘 잘못하고 있는 걸까? 그때는 몰랐지만 지금은 알아.

숙제할 때 생기는 걱정은 엄청나게 강력했고, 난 녀석의 말을 철석같이 믿고 있었어. 그래서 내가 배운 것과 엄마와 선생님이 해 준 말을 계속 잊어버렸던 거야. 걱정이 나타나자마자 4학년 때 배운 모든 것이 사라지는 거나 마찬가지였지. 보드게임처럼 미끄럼틀을 타고 내려갔던 거야. 걱정과 불안을 느끼면, 그때까지 해 왔던 모든 것을 잊어버리게 돼.

사실 여러모로 힘든 해였어. 엄마와 선생님이 안심시키려고 했지만, 난 내가 멍청한 것 같아서 걱정을 많이 했어. 나 자신을 몰아붙여서 학교 공부에 지나치게 많은 시간을 쏟았고, 4학년이 끝날 때까지 아무것도 변하지 않았지. 그러던 어느 날 엄마와 엘리엇과 나는 일주일 동안 바닷가로 여행을 떠났어. 엄마는 운전을 하고 엘리엇은 뒷좌석에서 잠을 자는 중이었는데, 내 온갖 걱정이 다시 쏟아져 나왔어.

"내년에도 이러면 어떡해! 방학 때까지 기다려야 즐거운 일이 생길 텐데. 방학은 겨우 두 달뿐이라고. 이건 말이 안 돼!"

이유는 모르겠지만, 엄마는 내가 새로운 것을 배울 준비가 됐다고 생각한 게 틀림없어. 그리고 나를 도로 옆에 내려놓을 준비도 되어 있었던 것 같아.

"엄마의 방법을 알려 줄게. 너한테도 도움이 될 거야. 너도 알겠지만 엄마는 걱정이 많아."

난 눈을 내리깔았어.

"하지만 엄마는 걱정이 오래가도록 내버려 두지 않아. 걱정이 생기면 다리를 만들 방법을 찾지."

잠시 동안 난 엄마가 진짜 다리를 말하는 줄 알았어. 바닷가로 가기 위해 곧 건널 다리 같은 거 말이야. 하지만 그런 게 아니었어.

"엄마는 지금 해야 하는 일을 과거의 비슷한 일과 이어 주는 다리를 상상해. 뭔가를 해냈던 때나 비슷한 문제를 해결했던 때를 찾지. 엄마는 이걸 기억 다리라고 불러. 이걸 시작한 건 네가 아기였을 때인데, 그때 처음 엄마가 되면서 모든 것을 완벽하게 해야 한다는 걱정에 시달렸거든. 너를 낳기 전에도 아기를 돌본 경험이 많았기 때문에, 그 경험과 엄마로서 할 일을 연결하는 다리를 상상하곤 했어. 그래서 아기 보는 법을 다시 배울 필요가 없었지."

엄마는 동생이 태어났을 때는 아기 돌보는 일이 한결 수월했다고 말했어. 나를 돌본 경험과 엘리엇을 돌보는 일을 이어 주는 다리를 만들었으니까. 걱정을 하면서도 걱정이 다리를 잇는 것을 방해하게 두지는 않았어.

멋지지 않니? 이제 퍼즐의 다음 조각이 등장할 차례야. '과거의 성공과 현재를 연결해라.'

과거의 성공과
현재를 **연결해라**

엄마와 이야기를 나누면서 내 생각이 새로운 방향으로 향했어. 바닷가에서 보내는 일주일이 끝날 무렵, 난 내가 놓친 점을 이해하기에 이르렀어. 걱정은 마음을 편안하게 만들고 자신감을 심어 주는 생각과 기억으로부터 나를 떼어 놓고 있었던 거야. 4학년 때 숙제를 하면서 난 분명히 그런 기억 다리를 활용할 수도 있었어. 학교에서 잘했던 일 그리고 오서 선생님과 엄마가 해 준 칭찬을 기억할 수 있었다면, 그 많은 스트레스와 걱정에서 벗어날 수 있었을지도 몰라! 자신과 이야기하는 방법을 달리했더라면, 내가 이미 알고 있는 모든 것을 연결할 수 있었을 거라고.

## 생각은 멈추지 않아

린지 기억나지? 롤러코스터를 안 무서워하는 친구 말이야. 그런데 린지는 벌을 굉장히 무서워해. 벌에 쏘일까 봐 겁내지. 그래서 꽃밭이나 숲에서 벌이 윙윙거리면 "난 벌이 무서워. 쏘이기 싫어."라고 중얼거려. 벌을 보면 누구나 그런 생각을 하게 마련이지. 벌침에 쏘이면 엄청 아프니까. 하지만 린지는 벌에 쏘일지 모른다는 생각을 계속했어. 심지어 벌떼가 자신을 쫓아오는 광경을 상상했지. 벌떼를 피하려다 넘어지는 모습까지도. 이런 생각이 자동으로 떠올라서 린지는 벌만 보면 도망치면서 마구 소리를 질러 댔어. 지난해 봄과 여름에는 아예 밖에 나가 놀지 않겠다고 했지. 린지는 말했어. "난 벌을 보기 싫어. 너무 무섭단 말이야."

일단 걱정에 빠져들면, 걱정은 널 꽉 쥐고 놓아주지 않아. 특히 '연말 걱정거리 시상식 대상감'인 걱정은 네가 하던 일을 멈추고 물러설 때까지 널 붙들고 놓아주지 않지.

1장에서 걱정이 우리를 멈추고 물러서게 해 주는 건 도움이 된다고 배웠어. 잠시 하던 일을 멈추고 숨을 고르면 다음에 할 일을 생각해 볼 수 있으니까 때로 굉장히 도움이 돼. 하지만 걱정에 사로잡혀 있을 때는 익은 스파게티 면처럼 유연해질 수가 없어. 다시 말해, "걱정아, 잠깐만 멈춰서 다른 방법이 있나 생각해 보자."라고 할

수 없단 말이야. 절대 그럴 수 없어. 걱정에 사로잡히면 걱정이나 불안을 느낄 때마다 하던 일을 그만두게 돼. 걱정이 "잠깐만! 이건 안돼! 당장 멈춰! 그만두라고!"라고 말하니까. 그러면 넌 고집을 피우고, 팔짱을 끼고, 입을 꾹 닫게 되지. 이모는 이걸 '황소고집'이라고 불러. 아마 너도 들어 본 적 있을 거야.

피하는 건 때로 좋은 선택이야. 벌통이나 꽉 막힌 교차로를 피하는 건 좋은 일이지. 하지만 걱정에 사로잡혔을 때 움츠러드는 까닭은 그게 마음을 편하게 하는 가장 빠른 방법이기 때문이야. 넌 자신에게 말하겠지. "그런 건 생각도 하지 마! 기분이 나빠지면 곤란

해. 안전하고 편안한 상태로 있어야 해." 그리고 걱정이 널 쥐고 흔들면 도망칠 궁리만 하게 돼. 이렇게 말이야. "난 큰 소리가 나면 겁이 나. 생일 파티에 가면 큰 소리가 날지 몰라. 그러니까 누가 생일 파티에 초대하든 난 안 갈 거야."

걱정에 빠졌을 때 생기는 세 번째 일이 있는데, 이건 네가 잘 모를 거야. 걱정은 기억을 잊게 만들어. 그래서 새로운 것을 시도해서 성공했던 경험이나, 실수는 했지만 좋은 것을 배웠던 경험을 모두 잊게 되지. 다시 말해, 불안을 조절하고 잘 넘겼던 일을 기억할 수 없어. 예를 들면, 새로운 보모를 처음 봤을 때 수줍어하다가 보모가 초코 우유를 주고 물 풍선 만드는 법을 알려 주자 마음이 풀렸던 기억을 떠올릴 수 없다는 거야.

걱정에 빠져들면 꼼짝 못 하게 되는데, 그 공식은 다음과 같아.

하던 일을 멈춘다

+

움츠러든다

+

잊어버린다

‖

꼼짝 못 한다

그렇다면 어떻게 해야 걱정으로부터 벗어날 수 있을까? 걱정될 때 그냥 걱정하기를 그만둘 수는 없는 걸까? 그럴 수 있니? 어디 한 번 해 보자. 심호흡을 하고 눈을 세 번 깜박여 봐. 자, 이제 어떤 일이 있더라도 거대한 자주색 문어를 상상하지 마.

어때? 상상하지 말라는 걸 떠올리지 않았니?

거봐! 내가 말한 문어를 상상했지? 이 책을 읽고 있는 모두가 마찬가지야. 아이든 어른이든 말이야. 나도 지금 거대한 자주색 문어를 상상하고 있다고.

난 어떤 것을 생각하지 말라고 했는데, 넌 그걸 생각했어. 왜냐면 우리 두뇌가 그렇게 작동하게 되어 있거든. 두뇌는 생각과 이미지가 바삐 움직이는 곳이야. 생각은 우리가 듣거나 본 것, 누군가의 말, 기억 등으로부터 생겨나. 어떤 것을 일단 한번 생각하고 나면, 다른 사람이 그것을 생각하지 말라고 했을 때 그 생각을 안 하기란 불가능해. 내 말이 의심스러우면 몇 번이고 시험해 봐.

산타클로스가 아이스크림 먹는 모습을 상상하지 마.

이번엔 더 어려운 거야. 소방차 사이렌 소리를 듣지 마. 사이렌 소리가 너한테 쏟아지고 점점 커져. 하지만 넌 소방차를 아직 못 봤고 어느 방향에서 오는지도 모르는 거야.

이제 내 말이 이해가 돼? 넌 이런 말을 들었을 수도 있어. "얘, 걱정하지 마." 아니면 잠자리에서 걱정하지 않으려고 자신에게 이렇게 말했을 수도 있지. "난 벽장의 괴물에 대해 생각하지 않을 거야. 난 벽장의 괴물에 대해 생각하지 않을 거야." 그렇게 생각을 반복할수록 벽장 괴물의 이미지는 더 또렷해지지. 기분을 좋게 만들려다 오히려 기분이 더 나빠지고 마는 거야.

생각만으로 걱정을 그만둘 수 있다면, 계획은 다음과 같을 거야.

생각하지 마. 걱정하지 마.

이게 다야. 이렇게 책을 쓸 필요도 없어. 차에 스티커를 붙이거나 비행기 꼬리에 커다란 플래카드를 달고 전국을 돌아다니면 될 걸. 간단하지.

하지만 우리는 생각을 멈출 수 없어. 어느 누구도 생각을 안 할 수는 없다고. 어쩌다 잠깐씩은 모르겠어. 하지만 우리가 잠을 잘 때도 두뇌는 이런저런 생각을 해. 자, 생각을 멈출 수 없다는 걸 알게 됐어. 그럼 이제 어떻게 해야 하지? 4장에서 우리의 첫 번째 대응이 "걱정해도 괜찮아."여야 한다는 이유를 몇 가지 제시했어. 이유가 기억나니? 걱정이 나타나는 건 때로 그게 우리를 진정시키고 물러서게 하기 때문이야. 게다가 어떤 때는 엄청난 상상력이 우리를 겁주기도 하지. 우리를 걱정하게 만드는 게 또 뭐가 있을까? 부모님이 우리를 대하는 방법, 유전자, 모든 걸 완벽하게 하려는 욕심이 있지.

그리고 다음과 같은 것도 있었어.

• 새롭거나 색다른 것을 할 때
• 계획을 확신하지 못할 때
• 사람들 앞에 나서야 할 때
• '이러면 어쩌지?' 질문이 몰려들 때
• 무서운 일이 일어날 때

첫 번째 대응은 "걱정해도 괜찮아."라고 했고, 그럼 그다음 대응은 뭘까? "난 걱정을 조절할 수 있어."야. 바보 같거나 적어도 도움이 안 되는 걱정이 있어. 이를테면, '내가 자는 동안 지구가 자전을 멈추면 어쩌지? 밤이 영원히 계속될 텐데!'와 같은 걱정 말이야. 그런 생각을 떨쳐 버리거나 걱정과 이야기할 수 있다는 걸 5장에서 이야기했어.

## 벌침 뽑아내기

어떤 때는 전에 걱정을 조절했던 경험을 떠올리는 게 크게 도움이 돼. 무슨 뜻인지 설명해 줄게. 아무리 생각을 해 봐도 난 완벽하지 않아. 하지만 벌에 대한 공포는 잘 조절할 수 있어. 린지처럼 나도 벌을 좋아하지 않아. 세 살 때 벌에 쏘였고, 열한 살 때는 벌을 밟았어. 아프긴 했지만 죽지는 않았지. 벌을 보면 린지와 똑같은 생각을 해. '벌이 무서워. 벌침에 쏘이고 싶지 않아.' 하지만 다른 점이 있어. 난 생각해 보고(즐거운 생각은 아니지만) 그냥 넘겨. 절대로 벌에 쏘이고 싶지 않지만, 쏘인다고 해도 거기에 대응할 수 있다는 걸 알아. 게다가 얼마 전에는, 벌이 어디에 있는지 주의를 기울이면 벌을 피할 수 있다는 것도 알게 되었지. 효과적인 대응 방법(아주 똑똑한 방법이라고 생각해)이 있기 때문에, 벌에 대한 걱정은 그저 스쳐 가는 생각일 뿐이야. 걱정이 나타나서 말을 건넬 때가 있겠지만, 긴급 속보는 아니야. 내 몸에 있는 경보기를 울리지도 않지.

7장에서는 비행기 안에서 나쁜 일이 생길까 봐 걱정했었다고 이야기했잖아. 난 어른을 만날 때마다 물어봤어. 어른들도 비행기 탈 때 비행기 사고를 생각하느냐고 말이야. 어른들이 뭐라고 했게? 당연히 한다고 했어. 하지만 아주 잠깐만 한대. 승무원들은 비행을 시작할 때 긴급 상황에 대해 이야기해. 비상구와 산소마스크를 손으로 가리켜서 알려 주지. 구명조끼 입는 법도 알려 주고. 그러니 사고에 대해 생각할 수밖에 없어!

별걱정 없이 비행기를 타는 사람들은 사고를 생각하면서도 특별하게 여기지 않고 그냥 넘기는 거야. 조금 걱정이 되어도 놀라지 않

아. 걱정을 조금도 안 하는 사람이 어디 있니? 다만 그런 걱정에 집착할 필요가 없다는 것을 알기에 그냥 넘어가는 거야. 나도 마찬가지야. 난 곰곰이 생각해 봤자 도움이 안 되는 걱정을 가볍게 넘기는 방법을 알아.

• 난 벌을 볼 때마다 벌에 대해 생각해. 잠깐만. 그다음, 과거에 벌에 대한 걱정을 조절했던 경험을 자동으로 떠올리지. 난 이번에도 그렇게 할 수 있다는 걸 알아.
• 난 비행기를 탈 때마다 비행기 사고에 대해 생각해. 잠깐만. 그다음, 과거에 비행기 사고에 대해 걱정할 필요 없다고 결론 내렸던 기억을 자동으로 떠올리지.
• 새 학년 첫날, 난 불안을 느껴. 잠깐만. 그리고 새 학년으로 올라갈 때 느꼈던 초조함을 조절했던 기억을 자동으로 떠올리지.
• 치과에 가면 충치가 새로 생겼을까 봐 걱정돼. 잠깐만. 그리고 전에 충치 두 개를 치료할 때 잘 참았던 기억을 자동으로 떠올려.

내가 '자동으로' 떠올렸다는 말을 여러 번 했지? 하지만 처음에는 어떤 것도 '자동으로' 할 수 없었어. 열한 살에 벌을 밟아서 쏘였을 때, 난 린지처럼 겁을 집어먹고 또다시 벌에 쏘일까 봐 걱정했어. 그해 봄 내내 밖에 나가 놀기를 꺼렸지. 하지만 난 다시는 벌에 안

쏘이기보다는 밖에 나가 놀기를 원했어. 그래서 매일 위험을 무릅쓰고 밖으로 나갈 때마다, 벌이 어디에 있는지 확인하며 조심했지. 벌에 쏘이면 잠깐 심하게 아프고 이십 분 정도 약간 아픈 뒤 괜찮아진다는 것을 거의 매일같이 떠올려야 했어.

이 과정을 계속해서 반복해야 했지. 나가 놀려면 두려움을 떨쳐야 한다는 것을 나 자신에게 말하고, 벌의 위치를 확인하고, 혹시라도 벌에 쏘여도 대응할 수 있다는 것을 떠올렸던 거야. 그해 봄 내내 매일 그렇게 했어. 그리고 여름이 왔을 때, 그 과정이 자동화되었지. 잠깐 걱정하고, 과거에 괜찮았던 경험을 자동으로 떠올린 다음, 가볍게 넘기게 된 거야.

너도 할 수 있어. 정말이야. 걱정이 불쑥 나타나도 가볍게 넘기고 네가 하려던 일을 할 수 있어. 처음에는 너도 나처럼 도움이 필요할 거야. 다들 그렇거든. 그래서 내가 이 책을 쓰고 있는 거야.

열다섯 살이 되면서, 난 전에 배운 것과 잘한 일을 현재의 나와 연결하는 다리를 만들었어. 걱정이 몰려들 때, 내가 배우는 데 소질이 있다는 것을 떠올려. 필요할 때마다 이 기억 다리를 활용하지. 지금도 좌절할 때가 있지만, 내가 좋은 학생이고 유치원 때부터 엄청나게 많은 것을 배워 왔다는 사실을 얼른 떠올리는 거야.

내가 자신에게 말하는 것들, 즉 '케이시의 기억 다리'는 다음과 같아.

- 이전 학년에서 늘 잘했으니까 난 이번 학년에도 아마 잘할 거야.
- 선생님이 실수하면서 배우는 거라고 하셨어.
- 뭐든 처음 할 때는 걱정이 되지만 난 이해가 빨라.
- 이건 처음이지만 난 전에도 새로운 것을 많이 배워 봤어.
- 처음부터 다시 시작해야 할 때는 지난번에 해 본 것을 활용하면 돼.

자신과 이야기한다는 게 우습게 들릴지 모르지만, 모든 아이와 어른이 평생에 걸쳐 그렇게 해. 너의 다리는 네 상황에 도움이 되는 것이어야 하니까, 세부적인 내용은 다를 거야. 너한테는 캠핑을 가거나 옆집의 큰 개를 다루는 능력이 필요할 수 있어. 네 상황이 구

체적으로 어떻든지, 자신에게 이야기하는 방식은 일반적으로 다음
과 같아.

**✱ 과거와 현재를 잇는 기억 다리 ✱**

| | |
|---|---|
| 난 진심으로<br>이걸 원해 | – 일주일 동안 여름 캠프에 가기를<br>– 높은 다이빙대에서 뛰어내리기를<br>– 학교 뮤지컬 동아리에 들어가기를<br>– 수업 시간에 손을 들고 선생님 질문에 대답하기를 |
| 이걸 생각하면<br>이런 기억이 떠올라 | – 세스의 집에서 처음 잤던 기억이<br>– 지난여름에 수영장에서 입수하는 법을 배웠던 기억이<br>– 축구팀 입단에 첫해에는 탈락했지만 다음 해에는<br>  합격했던 기억이<br>– 과학 박람회에서 내 발표에 쏟아진 질문들에 모두<br>  답했던 기억이 |
| 이걸 생각하면<br>그때의 내 대처법이<br>떠올라 | – 처음으로 불안을 느꼈을 때<br>– 뭔가를 처음 해 보고 겁이 났을 때<br>– 내가 해낼 수 있을지 어떨지 몰랐을 때<br>– 긴장했지만 일단 해 봤을 때 |

이해가 돼? 그렇다면 넌 두 가지 중요한 결론을 내리게 되는
거야.

1. 난 이런 것을 해 본 경험이 있어.

2. 난 이걸 조절할 수 있어.

새로운 것을 해 보고 과거의 성공으로부터 얻은 기술을 활용할 때, 항상 네가 원하는 것만을 얻을 수 있을까? 아니지. 이런 생각도 들 수 있어.

'마음이 불편할까?' 아마도. '힘들까?' 그럴걸.

진심으로 이걸 하고 싶어? 이게 중요한 질문이야. 여기에 답을 해야 해. 목표를 진심으로 이루고 싶다는 게 큰 도움이 돼.

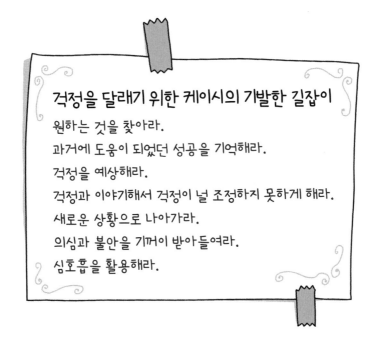

**걱정을 달래기 위한 케이시의 기발한 길잡이**

원하는 것을 찾아라.
과거에 도움이 되었던 성공을 기억해라.
걱정을 예상해라.
걱정과 이야기해서 걱정이 널 조정하지 못하게 해라.
새로운 상황으로 나아가라.
의심과 불안을 기꺼이 받아들여라.
심호흡을 활용해라.

난 정말 진심이었기 때문에 그동안 찾아낸 길잡이 문구를 적어서 냉장고에 붙여 놓았어. 3주 동안 뭔가를 먹거나 마실 때마다 이걸 읽었어. '새로운 상황으로 나아가라.'는 다음 장에서 더 이야기해 줄게.

## 다음 이야기

나는 지난 1월부터 학교 뮤지컬 동아리의 무대 팀으로 활동하고 있어. 무대에 그림을 그리고 소품을 찾는 등등의 일을 하지. 무대 팀이 무대 장치를 옮기는 동안, 내 친구 섀넌을 포함한 배우들은 대사와 노래, 춤을 연습해. 첫 번째 달에는 서로 얼굴도 거의 못 봤어.

뮤지컬의 막을 올리기 일주일 전에야 무대와 의상·소품이 모두 준비됐어. 무대 팀과 배우들은 목요일 밤에 리허설을 위해 무대에서 만나 모든 것을 점검했지. 덜컹거리는 문만 빼면, 무대는 정말 멋졌어. 배우들은 우리가 만들어 준 검으로 결투하는 걸 아주 좋아했어. 전에는 빈손으로 시늉만 냈거든. 우리가 만든 의상을 입어 보고 신이 났지. 의상을 약간씩 고쳐야 했지만 리허설이 원래 그러라고 있는 거잖아. 문제를 발견해서 해결하는 거지. 처음 만든 바지는 너무 짧아서 섀넌이 7부 바지 같다고 했어.

뮤지컬은 대성공이었어. 우리 부모님은 당연히 정말 좋아하셨지. 난 피곤하면서도 흥분됐어. 아이들이 학교 식당에서 만나 장난처럼 시작했던 활동이 검을 들고 결투를 벌이는 경쾌한 작품으로 탄생하는 과정을 지켜보는 일은 너무나 즐거웠어.

지금도 그때의 느낌이 생생해. 난 지금까지 열 개의 장을 통해 네가 걱정을 조절하기 위해 알아야 하는 것들을 설명했고, 네가 새로운 경험을 향해 나아가도록 도왔어. 그리고 우리는 마음속에서 리허설을 했어, 그렇지?

그럼 지금까지 배운 것을 모두 합치면 어떻게 되는지 보자. 나의 친애하는 실험 대상, 엘리엇이 도움을 줄 거야. 엘리엇이 어려운 일에 부딪혔는데, 우리가 해결 방법을 알아냈거든.

------------------------------------------------------------------------

# 소방 경보에 대응하는 법

*계획대로 행동하면 게임 끝*

엘리엇은 학교에서 집으로 돌아오면 강아지처럼 깡충깡충 뛰면서 엄마한테 간식을 달라고 졸라 대. 불평하는 일은 거의 없어. 그런데 올해 새 학기가 시작된 지 얼마 되지 않은 어느 날이었어. 엘리엇이 현관에서 발을 질질 끌며 들어와서는 가방을 주방에 내려놓고 팔짱을 끼는 거야. 그러고는 학교에 가지 않겠다고 선언했어. 엄마는 고개를 갸우뚱하고 이마를 찡그리며 아무 말도 하지 않았지. 그저 엘리엇을 바라보기만 했어. 엄마와 내가 알고 있기로는 엘리엇은 담임 선생님을 좋아했고 가장 친한 친구 테디도 같은 반에 있었거든.

엘리엇이 결국 입을 열었어.

"오늘 소방 훈련을 했어. 그런데 교장 선생님이 올해 그런 훈련을 몇 번 더 할 거라고 했어. 그러니까 난 학교에 안 갈 거야.”

“엘리엇, 어느 학교나 소방 훈련을 해. 별거 아니라고.”

내가 말했지만 엘리엇은 날 쏘아보고 나서 엄마한테 말했어.

**“경보 소리가 너무 시끄러웠다고!** 난 의자에서 펄쩍 뛰어올랐어. 심장이 쿵쾅거리는데 선생님이 우리한테 소리를 마구 지르잖아. 난 그게 너무 싫었어. 다시는 그런 일을 겪고 싶지 않아!”

엘리엇의 눈에는 눈물이 그렁그렁했어.


## 성급한 후퇴

만약 내가 1학년 때 집으로 돌아와서 그런 이야기를 했으면, 엄마는 학교에 전화를 걸어서 소방 훈련 날짜를 전부 알려 달라고 했을 거야. 그리고 훈련 날에는 내가 학교에 가지 않도록 했겠지. 난 그걸 좋아했을 테고. 하지만 그런 방법은 아이들이 걱정을 조절하는 데 도움이 되지 않는다는 걸 우린 이제 알고 있어. 엘리엇은 운이 좋았던 거야. 엄마와 내가 걱정에 대해 공부를 시작한 뒤였으니까. 엄마는 엘리엇에게 어떤 말과 행동을 해야 하는지 알고 있었어.

엄마는 엘리엇을 무릎에 앉히고 말했어.

“소방 경보는 물론 시끄럽지. 엄마도 학교 다닐 때 소방 경보기

가 울릴 때마다 펄쩍 뛰며 놀랐어. 직장에서도 경보기가 울릴 때가 있어. 소방 경보는 원래 시끄러운 거야. 그래야 사람들이 놀라서 얼른 건물 밖으로 나가지. 소방 경보가 휴대전화 알람 소리처럼 부드럽다면 사람들은 신경 쓰지 않고 꾸물댈 거야. 그러니까 네가 놀란 건 당연한 거야."

엘리엇은 마룻바닥만 하염없이 바라봤고 엄마는 말을 이어

갔어.

"네가 시끄러운 경보 소리에 벌벌 떨었을 때, 네 몸은 제 할 일을 한 거야. 지금 넌 다음에도 똑같은 느낌이 들까 봐 겁나는 거지?"

역시, 엄마는 이런 일에 전문가라니까! 엘리엇은 고개를 끄덕였어.

"하지만, 엄마…. 난 그 시끄러운 소리가 싫어요. 그 소리 때문에 겁먹는 느낌도 싫고요."

엘리엇은 애원하듯 말했어.

"누구나 그래!"

엄마가 단호히 말했어.

"그러면 어떻게 해야 하는지 알아보자. 언제인지는 확실히 모르겠지만, 앞으로도 소방 훈련이 있을 거야. 그리고 넌 소방 훈련을 아주 싫어해. 자, 우리가 어떻게 해야 할까?"

"집에 있으면 되죠!"

엘리엇이 소리를 질렀어. 웃는 건지 우는 건지 모르겠더라. 엄마가 동의했어.

"음, 그것도 한 방법이지. 하지만 요란한 소리에서 도망치기보다는 거기에 대응하는 방법을 배우는 편이 나아. 그런 소리를 안 듣고 살 수는 없거든. 게다가 요란한 소리를 듣고 안 놀랄 수도 없어. 자연스러운 반응이니까. 개, 고양이, 쥐, 새, 심지어 코끼리도 요란한 소리를 들으면 놀라."

그때 엄마가 나한테 신호를 보냈어. 그래서 내가 말을 받았지.

"있잖아. 엘리엇. 내가 다음 소방 훈련을 위한 계획을 세워 볼게. 마음속 계획이라고 할 수 있는데, 네가 마음속으로 무엇을 말하고 무엇을 해야 하는지에 대해 계획하는 거야. 넌 걱정에게 어떤 말을 할지, 어떤 행동을 해야 할지를 알아야 해. 그리고 상상력을 발휘해서 그걸 연습하면 돼. 우리가 적절한 계획을 세울 수 있는지 알아볼까?"

그런데 사실 내가 엘리엇을 돕기로 한 데에는 개인적인 목적이 있었어. 엄마와 나는 우리의 계획을 실험해 볼 대상을 찾던 중이었거든. 우리는 계획 단계와 중요한 질문을 적은 계획표를 만들었어. 그리고 이미 그걸 나한테 여섯 번이나 실험해 본 상태였지. 내 사촌 조이가 학교 버스를 타기 무서워할 때도 실험해 봤고. 심지어 엄마가 사슴을 차로 받은 후에 다시는 밤에 운전하지 않겠다고 했을 때도 사용했지.

엄마는 계획표를 많이 복사해 놓았고, 난 그걸 엘리엇에게 써먹어 보기로 했어.

엘리엇은 가만히 있었어. 난 그걸 "그래."로 받아들였지. 엘리엇은 진짜로 학교를 그만두고 싶은 게 아니라 그저 어찌할 바를 몰랐던 것뿐이야. 난 엘리엇이 마음을 바꾸기 전에 서둘러 계획표를 가져왔어. 누님이 구조대원인 셈이지!

## 놀라지 않는 법

엘리엇에게 문제를 해결하기 위한 질문을 했어. 질문은 엄마와 함께 만든 거야.

**나** 제일 먼저 네가 답해야 할 건 이거야. 네가 원하는 게 뭐니?

**엘리엇** 학교에서 소방 훈련을 안 하면 좋겠어!

**나** 그래, 그렇겠지. 난 공부를 열심히 안 하고 전 과목 만점을 받고 싶어. 하지만 이런 건 우리가 바꿀 수 없어. 학교는 가끔 소방 경보를 울릴 거야. 학교를 그만두고 싶다고 했는데, 진심이니?

**엘리엇** 아니. 난 교실에서 친구들과 함께하고 싶어. 온종일 집 안에만 있으면 지루할 테니까.

**나** 좋아, 바로 그거야. (난 "학교에서 친구들과 함께하고 싶다."를 계획표에 적었어.) 진심으로 학교에 갈 수 있기를 바란다는 거지?

**엘리엇** (엘리엇은 날 똑바로 바라봤어.) 그래. (그리고 고개를 떨궜지.) 하지만 난 경보가 무서워!

**나**   (계획표에 표시를 하면서) 알아. 좀 이따 그 얘기를 할 거야. 한 번에 하나씩 해야지. 두려움을 조절하려면 네가 원하는 목표를 확실히 해야 해. 학교에서 친구들과 함께하고 싶다는 목표가 도움이 될 거야. (다음 주제로 넘어가며) 이번 여름에 산에서 캠핑했던 거 기억나지? (엘리엇은 고개를 끄덕였어.) 캠핑에서 재미있었던 게 뭐야?

**엘리엇**   (잠시 고개를 갸우뚱하며 이맛살을 찌푸리다가 웃으며) 아! 뱀! 그게 재밌었지!

사실은 지난 일이니까 재밌었다고 하는 거야. 주립 공원에서 하이킹을 하는 도중에 1미터도 넘는 커다란 뱀이 우리 앞에 나타난 적이 있어. 엄마가 앞장서고 있었는데 처음엔 그게 지팡이인 줄 알았대. 그런데 그게 움직이자 엄마는 소리를 지르며 뒤로 물러났지. 곧이어 내가, 그다음엔 엘리엇이 소리를 질렀어. 사실 엘리엇은 뱀을 본 게 아닌데, 엄마와 내가 소리를 지르자 자기도 일단 소리를 지르고 봐야겠다고 생각한 거야. 그리고 실제로 뱀을 보자 뒤로 펄쩍 뛰면서 다시 소리를 질렀어.

우리 모두가 잠깐 동안 벌벌 떨었어. 그러고 나서 천천히 다가가서 뱀 쪽으로 몸을 숙였지. 뱀이 우아하게 땅을 미끄러지다가 잠시 멈추고 다시 움직이며 풀 속으로 사라지는 광경을 보고 있자니, 두

려움이 호기심과 흥분으로 바뀌었어. 그 사이에 엘리엇은 사진까지 찍었지. 엘리엇은 뱀과 우리의 발이 함께 찍힌 사진을 학교에 가져가서 발표했어. 정말 멋진 일이었지.

**나**  뱀을 봤을 때의 느낌이 경보를 들었을 때와 달랐니?

**엘리엇**  아니, 똑같았지. 펄쩍 뛰면서 소리까지 질렀고, 심장이 쿵쾅거리는 게 느껴졌어.

**나**   그다음엔?

**엘리엇**   음, 엄마가 이건 안전한 뱀이라고 하면서 뱀한테 다가갔고, 나도 그렇게 했지. 정말 신났어. 그리고 내가 사진을 찍었지.

우리는 잠시 이야기를 나눴어. 그날 엘리엇이 얼마나 빨리 두려움을 극복했었는지에 관해, 그리고 어떻게 하면 소방 경보가 울릴 때 다시 그렇게 할 수 있을지에 관해 말이야. 이를테면, 엘리엇은 경보가 울릴 때 다른 아이들이 어떻게 행동하는지 살펴볼 수도 있을 거야. 이건 엘리엇에게 뱀을 관찰하기에 이은 새로운 과제였지.

다음 단계로, 난 엘리엇이 뱀을 본 기억과 소방 경보를 들은 기억 사이에 다리를 놓도록 도왔어. 먼저 경보를 들었을 때 무슨 생각을 했는지를 물었지.

**엘리엇**   '참을 수가 없네. 그만 울려!'라고 생각했어.

**나**   그때 캠핑 가서 뱀을 본 기억을 떠올렸다면, 너 자신에게 뭐라고 했을까?

**엘리엇**   '이건 곧 멈출 거야. 난 이걸 견딜 수 있어. 이제 다른 생각을 해야지.'라고 했겠지.

**나**   아주 좋아! 그걸 적어 놓을게. 질문이 하나 더 있어. 경보가 곧 멈출 건데도 그렇게 겁을 집어먹을 거니?

**엘리엇** 글쎄…. (난 엘리엇이 말할 때까지 가만히 기다렸어.) 그럴 것 같아. (자신 없는 말투였지만 난 받아들였어.)

**나** 좋아! 경보가 울렸을 때 마음을 진정시키는 방법을 알려 줄까?

엘리엇이 살짝 고개를 끄덕였어. 머릿속에서 '정말 효과가 있으면 좋겠는데…'와 '내가 할 수 있을까?'라는 생각이 뒤섞인 듯 보였지. 그때 엘리엇의 표정이 엄청 우스워서 웃음을 참느라고 혼났어.

난 엘리엇에게 8장에서 얘기한 진정 호흡을 가르쳐 줬어. 그리고 계획표 작성을 마칠 준비를 했지.

**나** 자, 그럼 방법을 알려 줄게. 넌 교실에서 수업을 듣고 있어. 그런데 갑자기 시끄러운 경보가 울려 대고 넌 펄쩍 뛰는 거야. 심장 박동이 뱀을 봤을 때처럼 빨라지고. 이제 넌 어떻게 할 거지?

**엘리엇** '이건 곧 멈출 거야. 난 이걸 견딜 수 있어.'라고 자신에게 말해. 그다음 다른 아이들이 어떻게 행동하는지 살펴보는 거야. 마치 형사처럼. 맞지?

**나** 맞아. 마음을 가라앉히기 위해 도움이 필요할 때는?

**엘리엇**  심호흡을 해.

**나**  다 이해했네!

난 엘리엇이 모든 단계를 상상해 보도록 도왔어. 그리고 그 과정을 세 번 반복했지. 엘리엇이 "이제 그만해도 되지 않아?"라고 물을 때까지 말이야. 겁먹었을 때 어떻게 해야 하는지를 지루할 만큼 상상했다는 뜻이니까 잘된 거지.

계획을 다 세우고 나니까 엘리엇의 표정이 조금 편안해 보였어. 어떻게 행동할지를 정해 놨으니 안심이 된 거지. 그게 내 목표였기도 하고. 그래도 여전히 소방 훈련이 싫고 여전히 걱정되겠지. 소방 훈련이 언제 있을지 모르니까.

하지만 계획을 세우고 난 뒤에는, 놀라는 게 정상이라는 것과 놀랄 때 어떻게 해야 하는지를 알게 되었어. 그래서 이제 엘리엇은 '소방 경보가 울리면 불안해질 거야. 하지만 난 그걸 견딜 수 있어.'라고 생각하게 되었지. 덕분에 엘리엇의 표정이 조금 편안해 보였던 거야.

그다음이 재밌는 부분이야, 적어도 나한테는. 우리는 종이에 계획표를 적어서 엄마한테 보여 드렸어.

## 의 게임 계획

**목표가 뭐야?**

소방 경보에 잘 대처해서 학교에서 친구들과 함께하는 것.


**진심으로 이 목표를 달성하고 싶어?**

☐ 아니. 그건 나한테 중요하지 않아.

☑ 그래. 달성하고 싶지만, 할 수 있을지 모르겠어.


**목표를 달성하려면 어떤 방법이 필요할까?**

1) 놀라는 것을 받아들이기

2) 기분이 나아질 때까지 참고 기다리며 진정 호흡 하기

3) 걱정될 때 자신과 이야기하기

4) 용기 내기


**목표를 달성하는 데 도움이 될 만한 경험이 있어?**

전에 뱀을 봤을 때 깜짝 놀랐지만 참고 기다리니까 오히려 흥미가 생겨서 사진까지 찍었던 경험이 있어.

걱정이 나타날 때 자신한테 뭐라고 말할래?

"이건 곧 멈출 거야. 난 이걸 견딜 수 있어. 이제 다른 생각을 해야지."

앞일을 확실히 알 수 없어도 괜찮겠어?

☐ 아니! 알아야겠어! 모르는 일은 안 할 거야!

☑ 그래. 몰라서 좋을 건 없지만 용기를 낼 거야.

불안해도 괜찮아?

☐ 안 돼! 마음을 불안하게 만드는 일은 안 할 거야!

☑ 그래. 불안한 건 싫지만 그래도 용기를 낼 거야.

너만의 방법을 연습하기 위해서 어떤 걸 해 볼래?

케이시 누나가 냄비를 두드려서 날 놀라게 한다. 그리고 상을 받는다!

우리 셋은 엘리엇이 연습을 해야 한다는 데 모두 동의했어. 우리가 생각해 낸 방법은 다음과 같아.

1. 5일 동안 내가 엘리엇한테 몰래 다가가서, 하지만 적어도 3미터는 떨어

져서 갑자기 숟가락으로 냄비를 두드리는 거야.

2. 엘리엇은 펄쩍 뛰겠지. 일부러 그럴 필요는 없어. 반사적인 반응이니까.

3. 그럴 때 이렇게 외치는 거야. "이건 곧 멈출 거야. 난 이걸 견딜 수 있어. 이제 다른 생각을 해야지." 단, 학교에서는 마음속으로 말해야 해. 소리를 지르는 건 그저 연습하기 위해서니까.

4. 그다음 진정 호흡을 해서 마음을 가라앉히는 거야.

5. 자신과 이야기하기와 진정 호흡을 다섯 번 할 때마다, 그리고 내가 놀라게 해도 화를 내지 않으면 엄마가 상을 주는 거야.


엘리엇은 이 연습을 훌륭히 해냈어. 내가 계단 위에서 놀라게 해서 두 번 화낸 것 빼고는. 엘리엇은 상으로 껌 한 통, 1달러짜리 은화, 밖에서 친구와 피자 먹기, 60센티미터 길이의 뱀 인형을 받았어. 뱀 인형에게는 살무사 알폰즈라는 이름까지 지어 주며 놀더라고.

몇 주가 지나고 어느 날 아침을 먹는데 엘리엇이 말했어.

"생각해 봤는데 곧 소방 훈련을 할 것 같아."

엘리엇의 학교는 한 달에 한 번꼴로 소방 훈련을 하거든.

"그래서?"

엄마가 물었지. 엘리엇은 의외로 침착한 목소리로 말했어.

"계획을 실험해 볼 준비가 돼 있어. 난 펄쩍 뛸 거고, 심장 박동이 빨라질 거야. 하지만 몇 주 동안 난 그걸 조절할 수 있다고 자신한테 말해 왔어. 불안을 느끼겠지만 괜찮을 거야. 걱정이 말을 걸겠지만, 걱정이 날 조종하도록 내버려 두지 않겠어."

솔직히 말하자면, 동생의 말에 깜짝 놀랐어. 엘리엇은 우리의 계획을 간단히 세 가지로 요약해 놓았던 거야. 첫째, 난 놀랄 거다. 둘째, 난 그걸 조절할 수 있다. 셋째, 난 걱정이 나를 더 겁주도록 내버려 두지 않을 것이다. 엘리엇은 나름의 방식으로 걱정을 조절할 준비를 마친 상태였어.

다음 소방 훈련을 마친 뒤 집에 온 엘리엇은 이야기를 들려줬어.

"싫기는 했지. 경보가 울리기 전인 아침부터 좀 걱정이 됐어. 시끄럽게 경보가 울려 대자 깜짝 놀라서 펄쩍 뛰었지! 지난번과 마찬가지로 소방 훈련은 짜증 나는 일이었어. 하지만 난 괜찮았어."

엘리엇의 성공담을 듣고 난 뒤, 난 퍼즐의 다음 조각을 맞췄어. '계획에 따라 행동해라.'

계획에 따라
행동해라

물론 아이들마다 걱정거리가 다 달라. 린지는 벌을 보면 긴장하고, 브리짓은 크로스컨트리 경주를, 엘리엇은 소방 훈련을 겁내지. 그리고 너도 너만의 걱정거리가 있을 거야. 하지만 네가 알아야 할 것은 걱정이 작동하는 방식은 기본적으로 같다는 거야. 새로운 걱정거리가 생기고 익숙하지 않은 상황에 처할 때마다 새로 시작할 필요가 없어. 일단 걱정이 작동하는 방식을 배우기만 하면, 우리가 만든 계획을 활용할 수 있어. 물론 약간씩 수정은 해야지. 쿠키를 구울 때 각자 입맛에 맞게 초콜릿을 넣거나 기온에 맞춰서 옷을 겹쳐 입는 것처럼 말이야. 하지만 계획의 요점은 똑같아.

곧 무슨 뜻인지 자세히 설명해 줄게.

## 다음 이야기

여기서 고백할 게 하나 있어. 10장에서 학교 뮤지컬 동아리 이야기를 꺼냈을 때, 섀넌과 내가 맡은 일을 하고, 대번에 리허설을 하고, 공연을 즐긴 것처럼 말했어. 하지만 사실은 그렇게 간단한 일이 아니었어. 그전까지 섀넌과 나는 학교 뮤지컬 동아리에 참여한 적이 한 번도 없었거든. 정말로 해 보고 싶었지만, 우리는 엄청 긴장했었어…. 궁금하지?

# 모험은 계속되어야 해

## 우리들은 자란다

지난 1월의 월요일 아침이었어. 교실에 섀넌과 함께 앉아 있는데 스피커에서 교감 선생님의 목소리가 흘러나왔어.

"뮤지컬 동아리에 참여하고 싶은 학생은 수요일 방과 후에 학교 식당으로 오세요. 동아리를 홍보하는 모임이 있습니다. 가벼운 마음으로 오세요."

우리는 서로를 쳐다봤어. 섀넌이 눈썹을 살짝 올렸고, 나도 거기에 답하듯 똑같이 했어. 마치 "해 볼까?"라는 말을 서로 주고받는 것 같았지. 그리고 점심시간에 이야기를 했어. 섀넌은 합창단에서 노래를 부르기 때문에 누구나 섀넌의 노래 실력을 알고 있었어. 나는 노래는 못하지만 무대 팀에서 할 일이 있을 거라고 생각했어.

"일단 모임에 가서 알아보자."

내 말에 섀넌도 동의했어. 월요일 점심때는 그랬지.

수업을 마치고 우리 집에서 같이 감자튀김을 먹으면서, 섀넌과 나는 마음이 흔들렸어. 누가 먼저 말을 꺼냈는지는 모르겠지만, 우리는 금세 이런 말을 하기 시작했어.

"다시 생각해 봐야겠어. 난 뮤지컬을 해 본 적이 없어."

"그래, 시간을 많이 빼앗길지도 모르잖아. 리허설을 엄청 많이 할 텐데."

"무대에 섰는데 아이들이 비웃으면 어떡해? 사람들 앞에서 노래를 잊어버리면 어쩌지?"

"동아리 일 때문에 숙제를 못 하면 엄마가 싫어할 거야. 다시 생각해 보자."

그때 엄마가 지하실에서 올라왔어.

"뭘 다시 생각해 봐?"

우리는 뮤지컬 동아리에 참여하려고 했는데 어째 걱정스럽고 의심스럽다고 했어. 엄마는 우리를 내버려 두지 않았지.

"케이시! 얼마나 좋은 기회니. 새로운 상황과 의심, 불안, '이러면 어쩌지?' 질문이 몰려들 절호의…."

내 얼굴이 갑자기 환해졌어.

"그러게요!"

섀넌은 엄마와 나를 번갈아 바라봤어. 내가 결단을 내린 듯이 보이자 오히려 더 긴장하는 눈치였지.

그래, 게임 계획을 세울 시간이 된 거야. 게다가 이번에는 한 번에 두 명의 실험 대상이 생긴 거지. 난 냉장고에 붙어 있던 '걸작'을 떼어 내 탁자에 탁 하고 올려놓았어. 어디서 많이 본 거지?

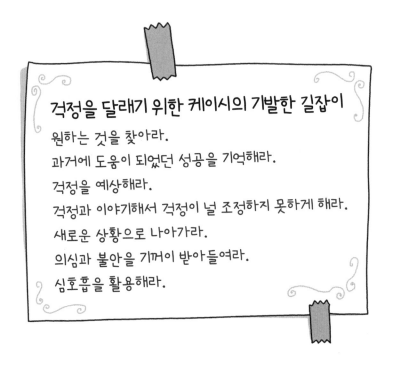

**걱정을 달래기 위한 케이시의 기발한 길잡이**

원하는 것을 찾아라.
과거에 도움이 되었던 성공을 기억해라.
걱정을 예상해라.
걱정과 이야기해서 걱정이 널 조정하지 못하게 해라.
새로운 상황으로 나아가라.
의심과 불안을 기꺼이 받아들여라.
심호흡을 활용해라.

엘리엇의 소방 훈련 실험에서도 많은 걸 배웠기 때문에 난 엘리엇의 방으로 가서 질문과 답이 적힌 종이를 찾아 왔어. 섀넌은 눈이 휘둥그레져서는 입을 꼭 닫고 있었지.

"우리는 뮤지컬을 할 거야. 꼭 해야 해. 과학 연구를 위해서 말이야. 내가 도와줄게."

섀넌은 앞에 놓인 종이 두 장(내 길잡이와 엘리엇의 게임 계획)을 힐끗 본 뒤 내 말에 동의했어. 섀넌은 나를 코치로 삼기로 한 거지. 내 생각에는 말이야.

엄마는 컴퓨터로 가서 깨끗한 서식을 새로 출력했어. 그리고 우리는 바로 작업에 착수했지. 계획을 세우는 일이 이제는 한결 수월해졌지만, 섀넌한테는 새로운 일이라서 일단 내 것부터 시작했어. 한 번에 한 단계씩 나아가면서 내가 설명했지. 늘 그렇듯이 엄마도 옆에서 도와주었고.

_____의 게임 계획

목표가 뭐야?

진심으로 이 목표를 달성하고 싶어?
☐ 아니. 그건 나한테 중요하지 않아.
☐ 그래. 달성하고 싶지만, 할 수 있을지 모르겠어.

목표를 달성하려면 어떤 방법이 필요할까?


목표를 달성하는 데 도움이 될 만한 경험이 있어?


걱정이 나타날 때 자신한테 뭐라고 말할래?


앞일을 확실히 알 수 없어도 괜찮겠어?

☐ 아니! 알아야겠어! 모르는 일은 안 할 거야!

☐ 그래. 몰라서 좋을 건 없지만 용기를 낼 거야.


**불안해도 괜찮아?**

☐ 안 돼! 마음을 불안하게 만드는 일은 안 할 거야!

☐ 그래. 불안한 건 싫지만 그래도 용기를 낼 거야.


**너만의 방법을 연습하기 위해서 어떤 걸 해 볼래?**

우리는 서식을 채웠어.

**나**      먼저 목표를 정해야 해. 그러니까 내가 원하는 것을 알아
내야 한다는 뜻이야. 내 목표는 뮤지컬 동아리에 참여하는
거야. 나는 해 본 적 없지만, 뮤지컬을 해 본 아이들이 하
나같이 입을 모아서 멋진 경험이 될 거라고 말했거든. 난
노래를 못해. 하지만 노래 말고 내가 할 수 있는 일이 분명
히 있을 거야. 게다가 새로운 친구를 사귈 수도 있을 거고.
이 목표를 정말 달성하고 싶냐고? 물론이야. 내 걱정은 딴
소리를 할지 모르지만, 난 하고 싶어. (난 내가 하는 말을 바
로 적었고, 섀넌은 내 어깨 너머로 그걸 읽었어.)

**섀넌**      다음 질문은… "목표를 달성하려면 어떤 방법이 필요할까?"
무슨 뜻이야?

**나**      걱정을 조절하려면 기술이 필요해. 특히 새로운 일을 하려
고 할 때는. 이 목록을 봐. (난 냉장고에 붙여 놓았던 종이를
내밀었어.) 일단 우리는 불안과 의심을 느끼게 될 거야. 하
지만 걱정이 언제 우리를 방해할지 알게 될 것이고, 걱정에
게 말대답을 하게 될 거야. "야, 걱정아, 난 진심으로 이걸
하고 싶어. 그리고 불안을 느끼는 건 정상이야. 넌 나보고
그만두라고 말하겠지만, 난 네 말을 듣지 않을 거야." 이런

식으로 말이야. 이해가 되니? 그다음 진정 호흡을 하는 거야. 그러면 우리 몸의 경보 시스템이 잦아들어. 그다음엔 불안을 기다리는 거지. 왜냐면 새롭고 익숙하지 않은 일을 하면 불안하기 마련이거든. 난 내가 성장하고 재미를 맛볼 기회를 잡을 거야. 도망치지 않고 새로운 경험으로 나아가는 것, 그게 내 목표야.

**새넌**  불안을 느껴야 한다는 거니? 내가 왜 불안을 받아들여야 하는 건데?

**엄마**  처음에는 이상하게 들릴 거야. 하지만 늘 편안하기만을 바라고 새롭고 불편한 것은 무조건 피한다면, 할 수 있는 일이 별로 없어! 누구나 새로운 상황을 걱정하고, 앞으로 무슨 일이 일어날지 궁금해하지. 하지만 걱정할까 봐 걱정하고, 새로운 일을 해낼 수 없다는 생각을 하다 보면, 걱정이 점점 커져서 네 삶이 작아지게 돼.

**나**  맞아! 그러니까 내가 무대 팀에서 일하기 위해 필요한 것은… (난 이 내용도 재빨리 적었어.) 내가 긴장하리라는 것을 예상하고 앞일을 전부 알려고 하지 않는 거야. 그리고 모르는 것이 있을 때는 질문하고, 다른 아이들이 일을 어떻게 하는지 지켜봐야 해. 걱정이 하는 말은 흘려버려서 걱정이 날 조종하지 못하게 해야 하고, 필요할 때는 진정 호흡을 하는 거야. 그리고 다른 아이들의 기대에 부응하도록 내일에 집중하는 거지.

**섀넌**  다음 질문이 좀 이상한데? "목표를 달성하는 데 도움이 될 만한 경험이 있니?" 해 본 적도 없는데 무슨 경험이 있어?

**나**  그래, 해 본 적 없지. 하지만 난 최근에 새로운 경험을 많이 했어. 그리고 그 사이 고개를 드는 걱정에 집중하는 대신, 원하는 것에 집중해서 걱정에서 벗어나는 방법을 익혔지. 예를 들면, 아스파라거스 사건이 있어. (난 엄마를 쏘아보고 나서 섀넌에게 동네 아이들 모임과 아스파라거스 치즈 핫도그 이야기를 해 줬어. 벤저민의 삼촌 이야기도. 그리고 옆에서 어슬렁거리던 엘리엇이 불쑥 나서서 뱀 이야기도 했지.) 어려움을 극복한 뒤에는 네가 그걸 어떻게 했는지를 기억해야 해. 그런 경험이 계속 쌓이면, '난 이걸 할 수 있어.'라는 생각이 들거든.

**섀넌**  다음 질문을 보자. "걱정이 나타날 때 자신한테 뭐라고 말할래?" 네 말에 따르면, 난 이걸 할 수 있다고 말해야 해. 그리고 새로운 상황에서는 불안을 느끼게 마련인데, 그게 정상이라는 말도. 그리고 배워야 할 게 많다는 걸 명심하면서, 다른 사람들을 살피고 배우고 앞으로 나아가야 하지!

**나**  바로 그거야. 그대로 적어야겠다. 다음 질문 두 개는? 둘

다 "그래."야. 난 불안과 의심을 받아들일 거야. 뮤지컬을 만들려면 그걸 받아들여야 하고, 모두가 그런 과정을 겪으니까.

**섀넌**   케이시, 연습은 어떻게 할 거니? 어떤 상황이 생길지 알 수 없잖아.

섀넌 말이 맞았어. 그래서 잠시 고민했지. 난 몇 달 동안 연습을 해 왔어. 무대 팀으로 일한 적은 없지만 롤러코스터와 병원에서 불안을 견딘 적이 있지. 진정 호흡도 해 가며 앞으로 나아갔어. 뮤지컬은 처음이지만, 그동안 연습했던 모든 것이 도움이 될 거라고 생각했어.

**나**   지금까지 해 온 대로 할 거야. 수요일 모임을 연습하기 위한 또 다른 기회로 여길 거야. 모임에 가면 긴장될 것이고, 무슨 일이 생길지 우리가 뭘 해야 할지도 알 수 없지만, 아무튼 난 갈 거야. 다른 때처럼 걱정이 나타나서 겁을 줄 때는 놀라지 않고 한 귀로 듣고 한 귀로 흘릴 거야. 이거면 충분해.

## [ 케이시 ]의 게임 계획

**목표가 뭐야?**

뮤지컬 동아리에서 활동하고 싶어. 전에 뮤지컬을 해 본 아이들이 하나 같이 멋진 경험이었다고 말했거든.

**진심으로 이 목표를 달성하고 싶어?**

☐ 아니. 그건 나한테 중요하지 않아.

☑ 그래. 달성하고 싶지만, 할 수 있을지 모르겠어.

**목표를 달성하려면 어떤 방법이 필요할까?**

1) 처음 해 보는 일이니까 걱정이 나타나리라고 예상하기

2) 질문하고 관찰해서 배우기

3) 걱정이 하는 말은 흘려버려서 걱정이 날 조종하지 못하게 하기

4) 진정 호흡 하기

5) 다른 아이들의 기대에 부응하도록 내 일에 집중하기

**목표를 달성하는 데 도움이 될 만한 경험이 있어?**

난 내가 원하는 것과 그것을 달성하기 위한 단계에 집중하는 방법을 익혔어. 예를 들면, 아스파라거스 사건이 있지. 내가 새로운 일을 할 수 있다는 것도 명심할 거야. 난 불안을 조절할 수 있으니까.

**걱정이 나타날 때 자신한테 뭐라고 말할래?**

난 할 수 있어. 새로운 상황에서는 불안을 느끼게 마련이야. 관찰하기와 앞으로 나아가기처럼 해야 할 일에 집중할 거야. 내 목표는 중요해.

**앞일을 확실히 알 수 없어도 괜찮겠어?**

☐ 아니! 알아야겠어! 모르는 일은 안 할 거야!

☑ 그래. 몰라서 좋을 건 없지만 용기를 낼 거야.

**불안해도 괜찮아?**

☐ 안 돼! 마음을 불안하게 만드는 일은 안 할 거야!

☑ 그래. 불안한 건 싫지만 그래도 용기를 낼 거야.

**너만의 방법을 연습하기 위해서 어떤 걸 해 볼래?**

수요일에 모임에 갔을 때 긴장감을 조절할 거야. 그리고 새로운 상황으로 나아갈 기회를 잡을 거야.

이제 섀넌의 차례야. 섀넌의 걱정은 나와는 좀 달랐어. 사람들 앞에서 공연할 거였으니까. 우리는 빈 서식을 가져다 적기 시작했어. 내 계획표를 함께 작성했기 때문에 섀넌은 이미 질문을 다 아는 상태였지.

**나**     좋아, 섀넌. 목표가 뭐야?

**섀넌**     음, 뮤지컬 동아리에 들고 싶어. 재밌을 거야. 그리고 너와 함께 들어가면 같이 놀 수 있으니까. 하지만 너와 달리 난 오디션을 봐야 해. 사람들 앞에서 노래할 생각만 하면 심장이 드럼처럼 쿵쾅거려. 얼굴이 빨개지면 어떡하지? 분명히 그럴 텐데. 애들이 다 보고 있는 데서 말이야. 케이시, 이건 아니야! 안 되겠어.

엄마와 나는 서로를 바라보며 웃었어. 그리고 다 알고 있다는 듯 고개를 끄덕였지. 섀넌은 그런 우리를 보고 짜증이 났을 거야.

**나**     지금 걱정이 떠들어 대고 있어서 그런 거야. 걱정이 불쑥 나타나서 네 관심을 끄는 게 느껴지니? 다시 앞으로 돌아가자. 뮤지컬을 정말로 하고 싶어?

**섀넌**     그렇다니까. 뮤지컬을 하는 모습을 상상만 해도 소름이 돋

아. 난 뮤지컬을 하고 싶어. 하지만 할 수 있을지는 아직 모
르겠어.

**나**   좋아. 그러니까 기술이 필요한 거야. 먼저 걱정이 나타나리
라는 것을 예상해야 해. 그리고 걱정과 이야기하는 방법을
알아야 하지. 사람들 앞에서 오디션을 보는 것처럼 너한테
중요한 일을 할 때는 긴장하는 게 정상이야. 하지만 겁먹
는 것과 네 몸의 경보 시스템이 켜져서 어쩔 줄 몰라 하는
것은 달라. 이 점을 명심해.

**엄마**   케이시, 어떻게 하는 건지 섀년에게 보여 주자. 내가 걱정
역할을 할 테니 네가 말대답을 해. 섀년, 케이시가 더 어렸
을 때 우리는 늘 이걸 했어. 처음 이 기술을 연습할 때는
크게 소리 내서 하는 게 좋아. 케이시, 준비됐니? (내가 고
개를 끄덕이자 엄마가 공격을 시작했어.) 뮤지컬 오디션을 뭐
하려고 보니? 나쁜 일이 생길지 몰라. 가사를 잊으면 어쩌
려고? 기침이라도 나면? 오디션에서 떨어지면? 엄청 부끄러
울걸! 망신당하려고 작정했니? (엄마가 연기를 실감 나게 해
서 난 정말로 겁이 났어.)

**나**(섀년 역할)   그래, 나쁜 일이 좀 생길지 몰라. 하지만 새로운 일
에는 늘 위험이 따르는 법이야. 모든 일이 잘 풀릴 리는 없
지. 하지만 네가 날 조종하면 난 시도조차 할 수 없어! 넌

네 맘대로 떠들어. 그래도 난 할 수 있어. 긴장돼서 신경이 곤두서겠지. 예전처럼 불안에 떨 수도 있어. 하지만 그렇다고 해서 즐거운 일을 포기하고 달아날 필요는 없다고.

**새넌**  맞아. 그리고 난 오랫동안 노래를 해 왔어. 3학년 때부터 합창단에서 노래했고, 노래를 정말 사랑해. 합창단에서 공연을 하면 할수록 난 더 즐겁게 노래를 부르게 되었어. 6학년 때 있었던 겨울 공연에서는 독창까지 했어. 걱정이 내가 사랑하는 일을 방해하도록 내버려 둘 수는 없어!

**나**  제대로 이해했네! 다른 건?

**새넌**  음, 난 다른 아이들이 나에 관해 하는 말에 지나치게 신경 쓰는 것 같아.

**엄마**  그건 심각한 문제인데. 하지만 그것도 정상이야. 잘하고 싶은 마음이 강하다는 뜻이지. 그리고 당연한 얘기지만, 다른 사람의 말이나 생각을 네가 바꿀 수는 없어. 오디션에서 다른 아이들이 할 말이나 행동을 상상하지 않을 수 있겠니? 오디션과 공연 사이에 어떤 일이 생길지는 아무도 모르는 거야. 어때? 다른 사람들의 평가를 섣불리 상상하지 않고, 그동안에 찾아오는 불안감을 견딜 수 있겠어?

**새넌**  할 수 있을 것 같아요. 그리고 나도 여기에 케이시 너처럼 '진정 호흡 하기'를 넣을래. 심호흡을 하면 노래 부를 때 도움이 되니까. 잠깐만, 케이시. 이걸 마저 끝낼게. (내가 물 컵을 다시 채워 왔을 때 섀넌이 계획표 작성을 마쳤어.)

**나**　섀넌, 네가 연습 방법 칸에 '사람들 앞에서 노래하기'를 적는 걸 봤어. 어디 보자!

---

### ┊ 섀넌 ┊의 게임 계획

**목표가 뭐야?**

뮤지컬 오디션을 보고 싶어. 재밌을 것 같으니까. 케이시와 같이 놀 수도 있고. 게다가 난 노래하는 걸 아주 좋아해!

**진심으로 이 목표를 달성하고 싶어?**

☐ 아니. 그건 나한테 중요하지 않아.

☑ 그래. 달성하고 싶지만, 할 수 있을지 모르겠어.

**목표를 달성하려면 어떤 방법이 필요할까?**

1) 오디션을 보면 긴장하리라는 걸 예상하기

2) 긴장하는 건 정상이고 내 몸의 경보 센터가 울리는 것과는 다르다는 점을 명심하기

---

3) 진정 호흡을 연습하고 활용하기

4) 연습과 노래에 집중하기

5) 다른 아이들이 날 어떻게 생각할지 신경 쓰일 때는 뮤지컬에서 얻는

　즐거움을 생각하기


**목표를 달성하는 데 도움이 될 만한 경험이 있어?**

난 노래를 오랫동안 해 왔어. 그리고 공연할 때마다 재미있고 노래 부르기가 더 쉬워진다는 걸 알아. 리허설을 어떻게 하는지 알고, 연습하면 더 나아진다는 것도 알지. 6학년 때는 독창까지 했어.


**걱정이 나타날 때 자신한테 뭐라고 말할래?**

심호흡을 해. 긴장하는 건 새로운 일을 하고 있기 때문인데, 정상적인 반응이야. 노래 부르고 공연하는 건 재밌는 일이야. 하지만 공연에서는 의외의 상황이 벌어지게 마련이지. 어떤 일이 있을지 몰라도 괜찮아.


**앞일을 확실히 알 수 없어도 괜찮겠어?**

☐ 아니! 알아야겠어! 모르는 일은 안 할 거야!

☑ 그래. 몰라서 좋을 건 없지만 용기를 낼 거야.

불안해도 괜찮아?

☐ 안 돼! 마음을 불편하게 만드는 일은 안 할 거야!

☑ 그래. 불편한 건 싫지만 그래도 용기를 낼 거야.


너만의 방법을 연습하기 위해서 어떤 걸 해 볼래?

1) 부끄러워도 사람들 앞에서 노래할 거야.

2) 내 방처럼 편안한 곳에서만이 아니라 긴장되는 곳에서도 노래를 연습할 거야.


여기서 섀넌은 심호흡을 한 뒤 미소를 지으며 뮤지컬 〈애니〉에 나오는 〈투모로우(Tomorrow)〉를 열정적으로 불렀어. 우리는 섀넌을 따라 부르며 웃었어.

엘리엇이 말했어.

"케이시 누나, 무대 팀에서 섀넌 누나를 돕겠다고 약속해!"

난 웃으며 말했지.

"그래, 약속할게!"

## 그리고 어떻게 됐을까?

섀넌과 나는 수요일 방과 후에 뮤지컬 모임에 갔어. 어수선해서 정신이 없었지. 동아리 친구들이 우리를 각자의 팀으로 보내기 전까지 우리는 꼭 붙어 있었어. 섀넌은 배우 팀으로 갔고, 난 무대 팀으로 갔어. 아는 애들이 몇 명 있었는데, 모임이 끝날 때쯤 되어서 각자가 하고 싶은 분야를 정했지. 난 소품과 무대 장치를 선택했어.

첫 번째 모임이 끝난 뒤로는 시간이 어떻게 갔는지 모르겠어. 무대 팀은 무대를 만들고 칠하느라 바빴지. 그리고 알맞은 소품을 찾는 일은 마치 보물찾기 같았어. 섀넌은 오디션에 합격해서 비중 있는 조연을 맡았지. 독창도 몇 소절 있지만 대체로 합창을 하게 되었어. 연습 중에는 서로 볼 기회가 없었지만, 주말에 만나면 서로가 하는 일에 대해 정신없이 수다를 떨었어. 친구들이 장담했던 대로 뮤지컬 작업은 멋진 일이었어.

걱정이 나타나서 긴장할 때도 분명히 있었어. 뜻밖의 일들이 있었지만, 연예계가 원래 그런 거 아니겠어. 오디션 날에 섀넌은 점심을 못 먹었어. 노래를 부르는 동안에는 손이 덜덜 떨렸다고 해. 연극을 가르치는 선생님은 처음 보는 후배 아이들과 함께 무대를 꼼꼼히 칠하라고 하셨어. 그날 오후에 내가 말을 너무 많이 해서, 잠자리에 들 때 문득 내가 바보처럼 보이진 않았을지 걱정이 되었어.

의상 리허설을 할 때는 꽃병을 못 찾아서 당황했는데, 알고 보니 악당의 망토 밑에 있더라고. 두 번째 공연에서는 새년의 신발 장식이 망가졌지만 글루건이 마술을 발휘했어. 최고였어!

우리 집에서 상의했던 월요일 오후로부터 넉 달이 지나고 공연이 모두 끝났을 때, 새년과 나는 어떻게 되었을까.

1. 새로운 친구를 많이 사귀었어.
2. 완전히 지쳤지만 정말 행복했어.
3. 온갖 뜻밖의 사건들을 극복했어.
4. 걱정과 셀 수 없이 많은 이야기를 나누었지. 대화는 간단명료했어.
5. 웃고 즐기고 허둥대는 사이에 계획표를 잃어버렸어.

그리고… 난 다시는 걱정하거나 겁먹지 않게 되었어.

정말이냐고? 농담이야! 12장까지 다 읽었으니 속아 넘어가지 않겠지.

이제 난 예측할 수 없는 삶에 어떻게 대처해야 하는지 알아. 하지만 장담하건대, 난 또 걱정하고 또 불안을 느낄 거야. 그렇게 확신하고 있어. 운전을 배우거나 다른 나라를 여행할 때, 또는 고급 식당에서 소 혓바닥을 먹어야 할지 말지 결정해야 할 때, 난 불안해할 거야. 걱정이 나타나서 새로운 일은 하지 말라고 하겠지. 하지만 심장이 쿵쾅거리고 손바닥이 땀으로 흥건해져도 난 앞으로 나아갈 거야.

나와 함께하고 싶다고? 당연히 그럴 줄 알았어.

 다음 이야기

이제 네 차례야. 다음 이야기의 내용을 채워야 할 사람은 바로 너라고. 넌 충분히 잘할 수 있어. 널 믿어 주는 사람이 있다는 걸 잊지 마.

# 걱정 퍼즐 완성!

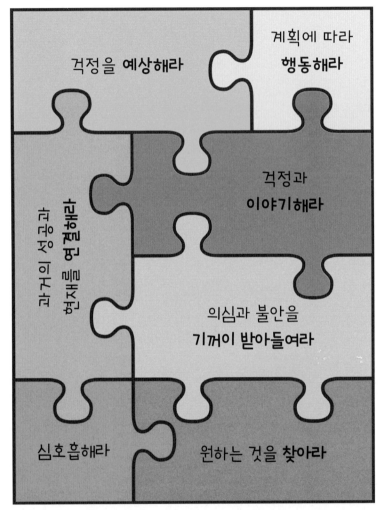

걱정을 예상해라

계획에 따라 **행동해라**

과거의 성공과 현재를 연결하라

걱정과 **이야기해라**

의심과 불안을 **기꺼이 받아들여라**

심호흡해라

원하는 것을 **찾아라**

＊ 짝짝짝! 당연히 멋지게 해낼 줄 알았어. 이제 하산해도 좋아!
   하지만 퍼즐을 다 맞췄다고 안심하지 말 것!
   또 다시 걱정이 불쑥 나타날 수 있으니까.